아름다운 것들은 천천히 온다

저자 김 용 목

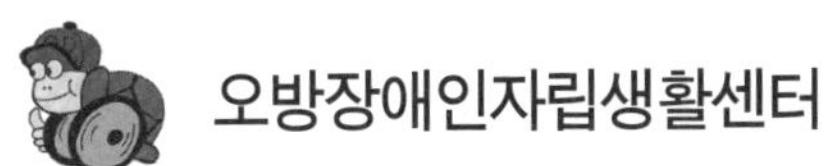

아름다운 것들은 천천히 온다

초판인쇄 2023년 7월 1일
초판발행 2023년 7월 5일

지은이 | 김 용 목
펴낸곳 | 오방장애인자립생활센터
디자인 | 박지원

인쇄 | 에코미디어
주소 | 광주시 동구 양림로119번길 21-1(학동)
전화 | (062)224-5319
E-mail | jcapoet@hanmail.net

ISBN978-89-97482-66-5 03810

값 20,000원

공급처 ■ 한국출판협동조합
경기도 파주시 탄현면 오금리 202번지
주문전화 (02)716-5616, 070-7119-1740

아름다운 것들은 천천히 온다

이 도서의 국립중앙도서관 출판예정도서목록(CIP)은
서지정보유통지원시스템 홈페이지(http://seoji.nl.go.kr)와
국가자료종합목록 구축시스템(http://kolis-net.nl.go.kr)에서 이용하실 수 있습니다.
(CIP제어번호 : CIP2020040428)

목차

1부 반짝반짝 빛나는 우리

2부 선물같은 시간을 보내고 있다

3부 존중과 기억에 대하여

4부 사람은 가도 사랑은 남는다

아름다운 것들은 천천히 온다

1부

반짝반짝 빛나는 우리

새해에는?

아무 일도 하지 않으면 좋은 일은 일어나지 않는다.

사랑도, 사람도, 기회도 마찬가지다.

조급해 하지도 말고, 포기하지도 말고, 묵묵히 자신의 호흡으로 나아가자.

아름다운 것들은 천천히 온다.

(2021_새해 첫날)

내게 복이 되는 사람들

아침이고 저녁이고 불쑥 전화가 걸려 온다. 매일 비슷한 이야기를 반복한다. 일과 중에도 훅 치고 들어오는 전화에 휘청거리기도 한다. 언젠가 옆에 있던 사람이 누구랑 통화하느냐고 물었다. '귀인(貴人)'이라고 대답했다.

물론 통화를 하다 보면 감정 소모가 적지 않다. 하지만 이것이 해도 되고 안 해도 되는 것이 아니라 내가 살아내야 하는 삶이라 생각하면 당연한 것이다. 이들의 전화는 내가 누구인지, 사명이 무엇인지, 어떻게 살아야 하는지 선명하게 일러준다. 나아가 이들은 '내게 복이 되는 사람들'이다.

성경은 내게 갚을 것이 없는 사람이야말로 내게 복이 되는 존재라고 말한다. "잔치를 베풀거든 차라리 가난한 자들과 몸 불편한 자들과 저는 자들과 맹인들을 청하라. 그리하면 그들이 갚을 것이 없으므로 네게 복이 되리니. 이는 의인들의 부활시에 네가 갚음을 받겠음이라 하시더라."(누가복음 14:13-14)

잘 나가는 사람들이 아니라 연약한 사람들이야말로 내게 복된 존재다. 지극히 작은 자 하나에게 한 것이 예수님께 한 것이고, 지극히 작은 자 하나에게 하지 아니한 것이 예수님께 하지 아니한 것이다.(마태복음 25:40,45)

우리 중의 연약한 자는 예수님에 대한 믿음의 고백을 행할 수 있는 기회를 준 존재다. 은혜는 물처럼 낮은 곳으로 흐른다. 하나님의 은총에 기대어 살아가야만 하는 사람들은 복이 있다.(마태복음 5:3)

자신의 능력과 지혜가 아니라 전적으로 하나님만을 기대하고 갈망하며 살아가는 사람은 복이 있다. 하나님께서 실로암사람들에 의탁한 영혼들이 있다. 이들과 함께하는 것이 실로암사람들의 존재 이유이고 사명이요 은총이다.

(2021.01.01)

나의 노래는 그대에게 가는 길입니다

싱어송라이터 박강수 님이 마다가스카르 여행의 추억을 담은 포토 에세이를 발간하였다. 아프리카 섬나라 마다가스카르로의 두 차례 여행은 박강수의 삶과 음악에 큰 영향을 주었다. 박강수의 사진과 글에 담긴 그의 생각이 궁금하다.

박강수는 데뷔 20년 차로 한국 포크의 계보를 잇는 가수다. 그동안 정규 음반 8장을 포함하여 총 13장의 음반에 130여 자작곡을 수록하였다. 현재 담양 창평에 거주하며 유튜브 '박강수TV'를 통해 팬들과 음악적인 소통을 하고 있다. 주로 밤 10시 전후하여 방송을 시작한다. 최근 KBS 주말드라마 '오! 삼광빌라!' OST에 참여하여 부른 "그대를 사랑합니다. 좋아합니다."는 컬러링 1위를 차지하기도 했다.

2012년 영화 도가니의 사람들을 응원하기 위한 특별 음반 '말하지 않아도 들리지 않아도'를 재능기부로 제작하기도 했다. 여전히 카페홀더 홍보대사로 사회봉사 활동을 이어오고 있으며, 2020년에는 '하나된소리' 공연과 '골목길음악회'에 출연하기도 했다. 실로암밴드를 통해서도 매일 박강수의 일상라이브 영상과 CCM을 들을 수 있다.

*『나의 노래는 그대에게 가는 길입니다』(박강수 지음) 한티재

(2021.01.03)

다시 새롭게(Renewal) 하소서

- 2021년 실로암사람들 신년사

2021년은 실로암사람들 45주년이 되는 해이다. 실로암사람들은 1976년 장애인 선교의 깃발을 들었다. 1세대 사역자들은 장애인 복지의 정책이나 인프라가 없던 시기에 온몸으로 장애인 당사자의 목소리를 내기 시작했다. 우리나라 장애인 선교의 선각자들이다. 특별히 변귀숙, 박정숙, 김랑, 곽정숙, 주숙자, 육경애, 이순화, 신명옥, 전순덕 등 장애여성의 리더십이 빛나는 시기였다.

1992년부터 2세대 사역자들의 시대가 열렸다. 풀타임으로 일하면서 전문성이 요구되었지만 처우는 봉사자 수준이었다. 가장 어려운 시기에 실로암사람들의 가치 하나만을 붙잡고 견디어 낸 분들에게 감사한다. 오늘날의 실로암사람들이 있게 한 증인들이다. (박정수, 곽정옥, 김민선, 김현아, 이성수, 한성락, 김형국) 이 시기에 시작된 목요모임, 수어교실, 청소년캠프 등은 현재까지도 이어지고 있다.

2005년부터 3세대 사역자들이 등장했다. 선교에서 인권과 복지까지 사역의 폭이 넓어졌다. '꽃피는집'을 시작으로 제도권 안의 사회복지에 진입하였다.

'인화학교성폭력대책위' 활동은 지역사회에서 실로암사람들의 역할과 위상을 각인시켰다. 장애인 이동권, 교육권, 자립생활, 문화권 등 진보적 장애인 운동의 최전선에 나섰다. 2014년 이후 세월호 진실규명 때도 마찬가지였다. 귀한 사역자들의 이름을 기억하며 감사한다.(김혜옥, 김병모, 진성철, 이유미, 설순미, 김미숙, 최명숙, 박현, 김모세, 이형일, 김진환, 김유술, 천선미, 권광미)

이제 4세대의 실로암사람들을 준비해야 할 때이다. 준비하지 못한 미래는 희망이 없다. 아무 일도 하지 않으면 좋은 일은 일어나지 않는다. 사랑도, 사람도, 기회도 마찬가지다. 조급해하지도 말고, 포기하지도 말고, 묵묵히 우리의 호흡으로 나아가자.

2021년의 표어는 '다시 새롭게(Renewal)'이다. "여호와여 우리를 주께로 돌이키소서 그리하시면 우리가 주께로 돌아가겠사오니 우리의 날들을 다시 새롭게 하사 옛적 같게 하옵소서."(예레미야애가 5:21)

모든 조직은 제 자리에 멈추어 서는 순간 퇴보하게 된다. 실로암사람들은 생명(선교), 풍성(인권), 사랑(복지)의 비전을 품고 다시 새롭게 나아갈 것이다. 하나님의 자비와 긍휼로 우리의 날들을 다시 새롭게 하실 것이다. '실로암공동체'는 불확실한 시대의 확실한 복음에 믿음으로 순종하며 나아가면 된다.

2021년에는 부설기관의 발자취를 정리할 것이다. 이를 통해 과거를 돌아보고 미래를 가늠해 나갈 생각이다. 무엇보다 실로암사람들의 사역자들은 팀실로암의 동역자로 함께하기 바란다. 동역자는 서로를 아낀다. 동역자는 서로를 성장시킨다. 동역자는 장애인을 환영하고 존중하며 주체로 세운다. 세계적인 코로나19 팬데믹 아래서도 실로암사람들의 도전은 계속될 것이다.

(2021.01.04.)

너무나 인간적이었던 그가 그립다

벌써 2년의 시간이 무심하게 흘렀다. 새해의 열기가 채 가시지 않은 날 이른 아침에 전화가 걸려왔다. 정신없이 달려간 중환자실에서 그의 마지막 모습과 마주했다.

김종문 간사는 혜성처럼 나타났다. 실로암사람들의 회원 활동이 가장 활발하던 1996년 광신대 실로암 동아리에 들어왔다. 첫인상은 리틀 박종호였다. 그는 노래 잘하는 교회 오빠로 어디서나 인기가 많았다. 내가 맡고 있던 목요모임과 캠프의 찬양 인도도 그에게 넘겼다.

1996년 말 목요찬양단을 창단하여 단장을 맡으면서 그는 실로암사람들 최고의 찬양 인도자로서 족적을 남겼다. 실로암사람들 내부뿐 아니라 선교예배 등 외부 활동도 많았다. 지금 생각하면 그 시절이 실로암중창단, 수화찬양단, 목요찬양단, 김종문, 장성규 등 찬양사역의 전성기였다. 대학을 졸업하고 CCM 음반을 제작하려 하였으나 끝내 그 꿈은 이루지 못했다. 다행히 그가 작곡하고 부른 찬양의 음원이 몇 곡 남아있다.

'우린 하나'는 내가 가장 좋아하는 곡으로 실로암사람들 모임에서도 많이 불렀다. 그는 청캠에서 만난 임지은 자매와 결혼을 했고 예쁜 딸들이 태어났다. 2011년부터 실로암사람들 사무국 간사로 함께하게 되었다.

염려했던 건강이 발목을 잡기 시작했다. 2016년부터는 투석을 하고, 입퇴원을 반복하면서도 실로암사람들과 찬양사역을 함께해

왔다. 마흔다섯 살, 너무나 젊은 나이에 하늘의 별이 되었다. 중학교 3학년이 되는 큰 딸 유민이는 뮤지컬 배우의 꿈을 키워가고 있다. 작은 딸 유은이도 이제 초등학교 3학년 된다.

너무나 인간적이었던 그가 그립다. 함께 불렀던 찬양을 혼자 부르며 그를 추억한다. 그가 세상에서 가장 사랑했던 남은 가족들을 하나님의 손길에 의탁드린다. "그 친밀한 손길은 낮엔 구름으로 인도하시고 밤에 불기둥으로 지키셨네. 주께 맡긴 나의 삶"(최인혁_주께 맡긴 나의 삶)

(2021.01.06)

부모님의 60주년 결혼기념일을 축하드린다

1960년 11월 23일(음력)은 진눈깨비가 내렸다. 당시에는 드물게 웨딩드레스와 동백꽃 부케를 들고 고향집에서 결혼식을 올렸다. 신부는 가마 타고 노디(징검다리)를 건너 영봉까지 나와서 다시 택시를 타고 배창굴 앞 신작로에 내려 논둑길을 걸어서 시댁으로 왔다. 남편은 다섯 살이 많은 착실한 사람이었다. 당시 군인이었기 때문에 결혼한 지 3일 만에 군대로 갔다.

부모님의 결혼 이야기다. 3남 2녀의 큰아들과 2남 3녀의 막내딸이 만났다. 지역 유지의 딸이 가난한 집에 시집와서 갖은 고생을 하며 가정을 일으켰다. 아버지의 꿈은 가난과 큰아들로서의 책임으로 인해 좌절되었다. 결혼 후 할머님의 회심으로 부모님은 척령교회를 다니기 시작하여 평생 한 교회에서 장로와 권사로 섬겼다.

큰아들의 장애로 인해 삶의 모든 희망이 무너져 내릴 때도 결코 삶을 포기할 수 없었다. 딸기 농사를 지으며 2남 2녀 자식들을 키웠다. 아들들은 제 앞가림을 못하고 손 벌리는 일이 많았지만 딸들은 효녀였다. 아들들 때문에 속상하다가도 딸들 때문에 웃었다.

부모님의 결혼 60주년, 회혼식(回婚式)은 은혜요 감사다. 이제 자식들도 웬만히 살고 있고, 부모님은 농사일은 못하지만 아직은 건강한 편이다. 아버지는 운전도 하고, 운동도 즐기며, 색소폰 연주 활동도 한다. 어머니표 딸기잼은 여전히 최고다.

이제야 부모님은 평안한 날을 보내고 계신다. 자식들이 별 탈없이 지금까지 살아온 것은 오로지 부모님의 기도와 헌신 때문이다. 앞으로도 오래도록 강건하시기를 빈다. (2021.01.06)

활짝 피어라 사람 꽃

도가니 사건 15년의 기록이 자료집으로 나왔다. 그동안 인화학교 성폭력 사건을 소재로 한 공지영의 소설 『도가니』나 영화 〈도가니〉의 열풍이 불었다. 덕분에 인화학교 사건은 전국적인 이슈가 되었고, 도가니법의 개정으로 이어졌다. 뿐만 아니라 김영순 감독의 독립영화 〈둥근 장막〉, 가수 박강수의 음반 〈말하지 않아도 들리지 않아도〉 등 다양하게 표현되어 왔다. 그러나 인화학교 성폭력대책위에서는 아직 백서를 발간하지 못했다. 그러다 보니 2005년 이후 15년이 지났지만 사건에 대한 제대로 된 기록물이 아직 없다.

작년 말 『활짝 피어라 사람 꽃』이라는 제목으로 자료집을 만들었다. '도가니 사건 15년의 기록'(2005.06-2020.12)이라는 부제가 붙었다. 주요 내용으로는 도가니 사건의 일지와 대책위 활동을 했던 장헌권(목사), 김용목(상임대표), 전응섭(내부고발자), 정순임(부모연대)의 글을 썼다. 인화대책위의 기자회견문과 활동사진 그리고 언론보도 스크랩을 실었다. 도가니 사건은 한국의 장애인권의 역사를 가르는 분수령이 되었다. 인화대책위의 활동과 경험이 조명되는 날이 올 것이다. 이 자료집은 언젠가 만들어질 백서의 디딤돌이 되었으면 좋겠다. 아울러 도가니 사건의 피해자들이 자신의 삶을 세워갈 수 있도록 지속적인 관심과 지원이 있었으면 한다.

(2021.01.07)

도전의 아이콘 장클라를 응원한다

하루 종일 눈이 내렸다. 은총처럼 쌓인 눈은 온 세상을 콘서트장으로 세팅해 놓았다. 장클라와 함께하는 클라리넷 토크 콘서트는 이렇게 최고의 무대에서 시작되었다. 작년 9월 21일에 귀국했을 때부터 멋진 음악회를 꿈꾸었다. 오늘의 콘서트는 장클라 자신이 기획하고 진행했다. 3년 동안의 베트남 사역과 새롭게 시작하는 캄보디아 사역에 대한 보고이기도 했다. 음악적인 것뿐 아니라 사역에 대한 자료도 꼼꼼히 준비해서 보여주었다.

명불허전(名不虛傳)이다. BTS의 노래와 CCM 사이를 오가며 가장 장클라스러운 무대를 꾸몄다. 미국에서 공부할 때 만난 북가주 밀알선교단 김정기 목사님이 축하 영상을 보내주셨다. 장클라가 가는 곳마다 선한 동역자를 하나님께서 붙여주신 것이다.

25년 전 세광학교에 다니던 중학교 2학년 장성규를 만났다. 이후 하나된소리 공연이나 목요모임, 여름과 겨울의 장애인캠프 등 실로암사람들은 장클라의 무대가 되었다. 그의 도전적이고 창의적인 삶은 이때부터 내공이 쌓인 결과라 해도 과언이 아닐 것이다.

대학 졸업을 앞두고 진로에 대하여 고민하던 중 유학을 결심하게 되었다. 이를 계기로 무진장애인장학회가 생겨났고, 2005년부터 장클라의 유학을 지원하기 시작했다. 실로암사람들은 2013년에 장클라를 음악선교사로 파송했다.(2013.08.22)

2014년에는 자전적 에세이『포기할 수 없는 나의 클라리넷』을 출판했다. "누구나 꿈을 꿀 수 있지만, 도전하지 않으면 꿈이 아니다.

시도해 보고 포기해도 늦지 않다"라고 말한다.

장클라와 함께 있으면 언제 어디서나 감사가 되고 축제가 되었다. 한국에 있으나 독일이나 미국에 있어도 안 보이는 것은 똑같다며 당당하게 나아가는 장클라의 모습이 부럽다. 벌써 41개국을 다녀갔다고 한다. 앞으로 장클라가 지구촌을 무대로 자신의 꿈을 펼쳐가기를 힘차게 응원한다.

(2021.01.07)

불러도 대답 없는 이름이여

작년에도 실로암밴드를 통해서 거의 매일 글을 올렸다. 대면 모임이 불가능한 상황에서 내가 할 수 있는 것은 온라인을 통해서 회원과 직원과 소통하는 것이었다. 2019년에 실로암밴드에 올린 글을 모아서 『이름 없는 꽃은 없다』는 책을 내기도 했다.

나는 주로 늦은 밤에 글을 쓴다. 글을 쓰다가 잠이 들기도 하고, 자다가 깨어서 쓰기도 한다. 어느 때는 일이십 분에 마무리되기도 하지만 한 시간 두 시간을 끙끙대도 제자리인 경우도 많다. 글을 쓰고 나서 마음에 드는 경우는 거의 없다. 그러나 실로암사람들의 현장에서 함께하는 사람들과 소통하기 위해서 부끄러움을 무릅쓰고 올린다.

실로암사람들은 흩어져서 일하기 때문에 얼굴을 보면서 소통하기 힘든 구조다. 대표로서 나는 글을 통해 실로암사람들이 나아갈 방향을 제시하고 있다. 대표의 생각을 회원과 직원이 이해하고 피드백을 통해 발전적으로 개진해 가길 원한다. 그런데 회원들은 일정하게 반응을 보이는데 직원들은 무덤덤하다.

어떤 직원은 "대표의 글에 댓글을 달면 잘 보이려고 하는 것 같아 눈치가 보인다"라고 했다. 직원들이 이런 생각을 하고 있다는 것이 한없이 슬프다. 직원밴드에 올린 글을 평균 10명이 읽고, 하루 접속 멤버가 20명이 채 되지 않는 것은 아쉬운 대목이다. 몇 년 전부터 실로암사람들의 직무 원칙으로 스마트한 소통을 강조하고 있다.

실로암밴드는 회원과 직원이 소통하는 공간이다. 언택트 시대에 최적화된 곳이다. 자신이 일하는 기관을 넘어서 다른 기관 직원들과 회원들을 만날 수 있는 기회다. 바라기는 실로암사람들의 사역과 삶이 역동적으로 살아 움직이는 공간이 되었으면 좋겠다. 함께 웃고 함께 울며 서로를 격려하며 나아가길 기대한다.

(2021.01.08)

두 번의 기적

전동휠체어 충전기가 들어왔다. 실로암센터 1호관의 문지기처럼 출입구에 늠름하게 서 있다. 2005년부터 전동휠체어가 건강보험 급여 적용 대상이 되었다. 이후 전동휠체어가 대중적으로 보급되면서 중증장애인의 삶의 질이 높아졌다. 오방센터에는 코로나 이전에 하루 평균 50여 명의 휠체어 사용자(wheelchair user)가 이용했다. 실내 뿐 아니라 실외에도 충전할 수 있는 전기 콘센트를 마련해 두었으나 배터리 충전시간이 보통 5시간이나 걸렸다. 전동휠체어 사용자는 배터리가 방전되면 그 자리에서 발이 묶인다. 전동휠체어 급속충전기는 2시간 내에 충전이 가능하고, 타이어 공기 주입과 간단한 청소 기능도 있다.

2019년 11월, 충전기 구입을 위해 몇 사람에게 문자를 보냈다. 곧바로 한 분에게서 전화가 걸려왔다. 몇 가지 물어보더니 200만 원을 보내왔다. 그렇게 해서 오방센터에 전동휠체어 급속충전기를 구입하여 사용 중에 있다. 이번에 또 하나의 기적이 일어났다. 2019년에 문자를 받았던 또 다른 사람이 1년여 동안 이를 마음에 두고 기도해 오다가 200만 원을 후원해 주었다. 이번에 구입한 급속충전기는 실로암센터 1호관에서 사용하기로 했다. 두 번의 급속충전기 구입은 하나님의 인도하심을 구체적으로 경험하는 시간이었다.

새가 날아와 깃들기를 상상하며 심었던 나무는 벌써 몰라보게 자랐다. 기꺼이 나무를 심고 가꾸어주신 정윤주, 이미숙 두 분께 감사드린다.

(2021.01.14)

회보 합본은 실로암사람들의 역사다

계간 실로암 합본(2019-2020)이 나왔다. 어떤 책보다 반갑고 기쁘다. 합본에는 2년 동안 걸어온 실로암사람들의 발자취가 오롯이 담겨있다.

1977년 6월 창간 이후 월간으로 발행하다가 1999년 IMF 때 격월간으로, 2011년부터 계간으로 바뀌었다. 책 크기도 B5에서 국배판으로 변했다가 2011년부터 다시 B5를 유지하고 있다. 최근 2년 동안 김보향(2019 봄~), 정윤경(2019 겨울~) 두 분이 편집장을 맡았다. 편집위원으로는 진성철, 김병모, 한성락, 김진환, 권광미, 황영서, 고경은, 박영진 간사가 수고했다.

계간 실로암에는 장애인, 자원봉사자, 후원자, 직원의 이야기와 부설기관에서 일어난 소소한 이야기가 담겨있다. 실로암 공동체의 주요 행사, 연대활동에 대한 소식도 빼곡히 들어있다. 계간 실로암 합본은 소식지 이상의 의미가 있다. 실로암사람들의 역사 그 자체다. '기록되지 않는 역사는 기억되지 않는다'는 말처럼 시간이 지날수록 그 가치는 더욱 빛을 발할 것이다. 벽돌을 쌓아 올리듯 삶의 현장에서 실로암사람들의 길을 열어온 회원들께 감사의 마음을 보낸다.

(2021.01.14)

1년의 시간과 삶이 담긴 앨범을 선물 받다

일주일 동안 실로암밴드에 글을 올리지 못했다. 핑계야 있다. 오방장애인자립생활센터가 광주시 자립생활센터 공모 서류를 준비하기 위해서 여유가 없었다. 그사이 굳이 아쉬운 것을 찾는다면 한 가지가 있다. 거의 매일 올려왔던 글을 일주일이나 업로드 못했는데 아무도 궁금해하는 사람이 없었다는 것이다. 토요일에 택배를 받지 못했다면 정말 서운할 뻔했다.

토요일에는 고향집에 다녀왔다. 부모님은 가마솥에 장작불을 태워가며 딸기잼을 만들고 계셨다. 어머니의 손길이 담긴 음식의 맛은 언제나 변함이 없다. 광주로 돌아오는 길에 실로암센터에 택배를 배달했다는 문자가 왔다. 작년 한 해 동안의 시간과 그리운 사람들이 담긴 앨범이었다.

사실 재작년에는 상반기 하반기로 두 권의 앨범을 조선아 간사님이 만들어 주셨다. 그런데 작년에는 코로나19로 인해 도둑맞은 기분이 들기도 하고, 뭔가 제대로 한 일이 없는 것 같은 생각이 들었다. 그냥 넘어가는가 보다 생각했는데 오늘 앨범이 도착한 것이다.

한 장 한 장 넘기며 일 년을 되돌아보았다. 마음과 몸이 따스한 온기로 가득 채워지더니 눈물까지 흐른다. 전 세계적인 팬데믹 상황에서도 실로암공동체가 별 탈 없이 한 해를 건너올 수 있었던 것은 은혜요 감사다. 한 권의 앨범에는 실로암사람들의 사역과 삶이 빼곡히 들어있다. 기쁨의 선물을 주신 조선아 간사님께 감사드린다.

(2021.01.16)

오방센터가 국비지원 기관으로 선정되었다

자립생활센터 사업자 공모 시즌이 되면 온통 신경이 날카로워진다. 그도 그럴 것이 결과에 따라서 향후 3년이 좌우되기 때문이다. 올해의 경우 평가를 통해 1-4위(1억 5천 7백만 원), 5-9위(1억 원)를 차등해서 2023년까지 지원하게 된다.

그동안 몇 차례 평가를 받아왔지만 이번의 각오는 남다르다. 3년 전에는 당연히 1-4위에 포함되리라고 생각했는데 결과는 5위였다. 한마디로 부당한 결과였다. 평가방식을 사전 공지 없이 변경하였다. 공모 평가 심사위원이 사업실적을 평가하지 못하고, 행정에서 중간 평가한 것을 사업실적 평가에 반영하도록 했다. 참담한 결과 앞에 침묵했다. 먼저 우리의 부족함을 돌아보고자 했다. 나아가 행정의 평가가 부당하다는 것을 3년 동안의 사업을 통해 증명하기로 다짐했다.

하지만 3년이란 시간은 생각보다 길었다. 말 그대로 와신상담(臥薪嘗膽)의 시간을 보냈다. 국비를 받지 못해 예산이 줄어든 것도 힘이 들었지만 오방센터가 추구해온 가치나 사업이 부정당한 것 같아 안타까움이 컸다. 개인적으로도 자존심에 상처를 입었다.

오방센터는 이번 평가를 통해 다시 국비지원 센터로 선정되었다. 탈시설 자립지원 실적도 3년 동안 21명으로 탁월했다. 거기다가 그룹홈을 포함하면 25명이나 된다. 그동안 묵묵히 최선을 다해 애써온 활동가들과 직원들 그리고 헌신의 리더십을 보여준 권광미 국장께 감사한다.

또한 김현아 처장, 이유미 국장의 응원도 큰 힘이 되었다.

지난 3년 동안의 기다림 가운데 더욱 분명해진 것이 있다. 사업을 위해 사람이 필요한 것이 아니라 사람을 위한 사업이 필요하다는 것이다. 그리고 길고 오래가려면 작은 것에 일희일비하지 않고 정도를 가야 한다는 것이다. 앞으로도 오방장애인자립생활센터는 오방 정신으로 장애해방의 길을 걸어갈 것이다.

(2021.01.21)

청캠의 재발견

새해가 되었지만 새해 같지 않다. 작년까지 1월이면 가장 분주한 날들을 보냈다. 연초라서 바쁘기도 했지만 그것보다는 장애청소년 통합캠프 때문이었다. 청캠없이 보내는 1월은 왠지 허전하다. 그동안 청캠과 함께한 1월의 시간은 내 몸에 화인처럼 각인되어 있다.

청캠은 나의 청소년 시절을 돌아보면서 시작되었다. 모든 것이 불확실하고 장애로 인해 꿈을 꾸기 어려웠던 시절이 있었다. 허물어진 꿈의 조각은 마음까지 생채기를 냈다. 교회를 다니고 있었지만 장애의 몸 앞에서 믿음은 공허한 바람 같은 것이었다. 청캠은 그런 절박한 자리에서 태동했다. 청캠은 한 해의 시작과 목표를 하나님께 정조준하게 만들었다.

장애청소년 통합캠프는 청소년들에게 어떤 의미였을까? 24년의 시간은 청캠의 색깔을 더욱 짙게 채색해 왔다. 장애청소년과 비장애청소년이 예수 그리스도를 만나고, 비전을 발견하며 도전하는 삶을 살게 한다. 청캠의 역사는 수많은 이야기를 만들어냈다. 청캠을 통해 만나서 결혼한 커플도 여럿이 있다. 2회 청캠의 무등산 등반기, 5회 청캠의 오대양의 물동이 리어카와 눈을 녹인 물로 밥을 지었다는 이야기는 전설이 되었다.

어느 해는 청캠이 끝나고 두 주일이나 우리 아파트에서 기거하며 뒤풀이(?)를 하기도 했다.

올해에는 코로나19로 25년 만에 청캠이 사라졌다. 대신 청캠 라이브를 통해 아쉬움을 달랬다. 청캠을 쉬고 보니 실로암사람들에게 얼마나 소중한 의미였는지 확인할 수 있었다. 수많은 청캠 사람들이 떠오른다. 청캠은 사람들을 불러 모으고 서로 부대끼며 넓어지고 깊어지게 하는 마법이 있다. 2022년의 청캠은 어떤 모습으로 만나게 될지 기대된다.

(2021.01.21)

30호 가수를 주목하는 이유

요즘 즐겨보는 방송 프로그램이 생겼다. jtbc에서 월요일 밤에 방송하는 싱어게인 무명가수전이다. 2019년 송가인 열풍으로 트로트가 대세가 되었다. 노래를 좋아하는 사람들 입장에서는 어느 식당에 가나 한 가지 메뉴에 식상한 상태가 되었다. 내게 그 돌파구가 싱어게인이다. 관심 있게 지켜보는 가수가 생겼는데 29호와 30호다. 29호 가수는 시원한 가창력과 락스피릿을 보여주고 있어서 매번 기대된다.

반면 30호 가수는 생경한 캐릭터였는데 "심사위원들을 패배자로 만들자."라는 말에 이 친구는 뭔가가 있구나 싶었다.

며칠 전 30호가 이재철 목사님의 아들이라는 말을 듣고 흥미가 생겼다. 얼른 이 목사님과 이미지가 연결이 안 되었다. 가수 박강수 씨도 유튜브 방송을 통해 서울에 있을 때 이재철 목사님이 담임하는 교회를 다녔고, 아들 이승윤 형제가 노래도 잘하고 멋있는 사람이라고 칭찬을 했다. 이재철 목사님은 한국교회에서 존경받는 목회자로 2018년 은퇴하고 거창에서 살고 있다. 정애주 사모님은 기독교 출판사인 홍성사 대표다.

실로암사람들이 2005년 실로암문고를 만들면서 홍성사에 자필 편지를 썼다. 그때 받은 5백 권의 책은 오늘날 민들레 작은도서관의 디딤돌이 되었다. 30호 가수가 이들 부부의 아들이라는 것이 신기했다.

유튜브 영상을 통해 30호 가수가 밴드활동을 하는 등 내공이 있다는 것을 알게 되었다. 이재철 목사님은 자녀들을 "목사의 자녀로 키우는 것이 아니라 자기답게 살라"고 가르쳤다. 나는 29호 가수와 30호 가수가 최후의 2인이 될 것 같은 예감이 든다.

(2021.01.22)

故 장성아 자매의 유산

그녀의 묘지를 찾았다. 시간은 참 무심하게 흘러 벌써 8주기다. 광주 근교의 양지바른 곳에 위치한 그녀의 묘지를 손질했다. 시간이 지나간 자리에 꽃을 두고 오니 마음이 조금 가벼워졌다. 2012년 7월, 그녀를 만났다. 첫 만남의 낯섦과 가을 여행의 유쾌한 추억 그리고 마지막 임종의 순간도 뚜렷이 기억하고 있다. 평생 저당 잡힌 삶을 살아오다가 자유의 몸이 되었지만 직장암은 그녀를 놓아주지 않았다. 2013년 1월, 그녀의 나이 38세였다.

이 땅의 가장 낮은 곳에서 실로암사람들의 길잡이가 된 사람들이 있다. 그들은 실로암 공동체가 나아갈 길을 삶과 죽음으로 보여주었다.

아무것도 갚을 것이 없는 사람들을 섬기는 것이야말로 실로암사람들이 머물러야 할 자리다. 실로암사람들은 원주 사랑의집 피해 생존자들을 만나면서 새로운 공동체 고백을 갖게 되었다. "우리는 장애인을 환영합니다. 장애인을 존중합니다. 장애인과 함께합니다." 장애인이 누구나 '환영 존중 함께'의 삶을 살아가도록 하는 것이 실로암사람들이 추구하는 가치다. 장성아, 그녀의 환한 미소가 그립다.

(2021.01.24)

장애인종합지원센터의 제자리를 찾자

장애인종합지원센터 관련 3차 TF팀 회의가 열렸다. 지난 10월 23일 시의회에서 센터 출연동의안 의결 보류로부터 시작된 종합지원센터 관련 문제를 논의하기 위한 자리다. 사단법인 광주광역시 장애인종합지원센터는 장애인복지법 제32조의 6과 시조례를 근거로 설립되었다. 센터가 지방재정법 제17조 제2항(법령의 근거에 따라 조례에 정하여진 기관)에 해당하여 출연금 지원 대상인지 법제처에 질의를 해 놓은 상태이다. 법제처의 회신은 2월에나 가능할 것으로 보인다. 법제처의 회신 결과에 대하여 광주시나 시의회 모두 그대로 인정하기로 했다. 만약 지방정부에서 결정하라는 식으로 결과가 나오면 셈법이 복잡해진다.

광주종합지원센터가 어떤 식으로 존립할지는 아직도 불투명하다. 장애인계에서는 현행처럼 독자적으로 존립하면서 출연금을 지원받기 원한다. 그러나 출연금이 아닌 보조금을 지원받는 법인이 될 수도 있다. 경우에 따라서는 복지재단(복지연구원)으로 정책기능이 통폐합되고, 전환지원팀은 탈시설지원센터를 설립하여 사회서비스원으로 들어갈 수도 있다. 어떤 경우든지 장애인종합지원센터가 장애인복지의 조사, 연구 및 정책개발의 본연의 기능에 충실한 기관으로 세워지기 바란다. 광주시도 전국 최초의 지방정부가 세운 장애인 정책기관으로서의 자부심을 갖고 이에 걸맞은 지원을 해야 한다. 무엇보다 장애인계는 종합지원센터의 활성화 방안을 주도해 가는 리더십을 발휘하기 바란다.

(2021.01.25)

2% 나눔에 동참해 주세요

1992년에 실로암사람들에 입사했으니 올해로 30년 차다. 한 단체에서 오랫동안 일해 온 이유를 물어오는 사람들이 있다. 내 대답은 간단명료하다. 위로부터 오는 하나님의 은혜와 아래로부터 현장에서 힘을 공급받았기에 가능했다. 실로암 공동체와 나는 여전히 연약하고 부족하다.

하지만 쉽고 편한 길보다는 어렵고 힘든 길을, 높은 곳보다는 낮은 곳을 바라보았다. 단체의 이익보다는 공동선(共同善)을 추구했다. 넓은 길보다는 좁은 길을 걷고자 애썼다. 회원들로부터 "실로암이 있어서 다행이다"는 말을 들을 때면 가슴 벅차다. 돌아가신 회원들을 기억하며 애쓰는 것을 통해 살아있는 회원들은 자부심을 갖는다. 또한 어려운 회원들을 위해 모금하는 것은 마음에 꽃을 피우는 것이다.

생각해 보니 실로암사람들은 일 년에 몇 차례 특별 모금을 해왔다. 작년에는 코로나19 자가격리 장애인 지원(3월), 문경희 회원 치료(4월), 정지혜 회원 어머니 수술(8월), 도서출판(11월) 등 1,600만 원을 모금하여 지원했다. 모금 때마다 실로암사람들의 저력을 확인하고 감동했다. 올해에도 조재형 회원(1월)을 위한 모금을 진행하고 있다. 조재형 감독은 자원봉사자로, 한동안 실로암사람들의 멋진 사진과 영상이 그의 손을 통해 만들어졌다. 2018년 사고로 인해 경추를 다친 후 3년여 동안 재활치료를 해오다 최근 새로운 보금자리를 마련하여 퇴원하였다. 실로암사람들은 조재형 감독의 새로운 삶을 온 마음으로 응원할 것이다.

전국장애인차별철폐연대는 급여의 2%를 나누자는 운동을 하고 있다.

1%는 자신이 속한 단체에 후원하고, 1%는 장애운동을 하는 연대단체에 후원하자는 것이다. 가령 실로암사람들 회원(직원) 가운데 200만 원의 월급을 받는 사람은 2만 원을 실로암사람들에, 광주장차연에 2만 원을 후원하는 것이다.하나님이 내게 주시는 것 중에는 하나님의 몫과 가난한 자의 몫도 있다. 하나님의 것은 하나님께 드리고, 이웃의 것은 이웃과 나누기를 바란다. 실로암사람들은 회원들의 회비와 후원에 의해 운영되는 단체로 45년 동안 사역을 이어온 것은 은혜요 기적이다.

대표로서 실로암사람들 회원들께 2%의 나눔에 동참해 기적을 만들어 주실 것을 부탁드린다.

(2021.01.27)

바다를 향해 흘러가는 강물처럼

장클라가 출국한 지 2주일이 지났다. 캄보디아에서 자가격리가 끝났다는 연락이 왔다. 작년 9월에 입국하고 나서 4개월 동안 거의 매일 보다시피 했는데 난 자리가 더욱 커 보인다. 장클라를 중학교 2학년 때부터 만났으니 벌써 사반세기가 흘렀다. 그 사이에 평생을 두고 잊을 수 없는 추억들이 쌓였다. 장클라가 있으면 어느 곳이나 놀이터요 축제가 되었다.

유쾌하고 진취적인 그는 2005년 광주에서 독일로 날아갔다. 시각장애인인 그에게는 광주나 서울이나 독일이 별 차이가 없다는 말을 남기고 떠났다. 그는 클라리넷에 대한 열정 하나로 유럽을 찍고 다시 미국으로 갔다. 마치 벽돌 게임을 하듯이 어려움을 온몸으로 부딪치며 격파해 나갔다.

2018년 여름에 그는 베트남에 자리를 잡았다. 장클라다운 선택이었다. 쉽고 편한 길이 아니라 부르심에 응답하는 삶을 살기 위해 몸부림쳤다. 적어도 자신의 유익을 구하지 않고 타인의 아픔과 삶에 민감하게 반응하는 그를 보았다.

코로나19는 그에게 새로운 길을 보여주었다. 캄보디아의 영혼들을 만나게 했고 구체적인 사역의 장을 열어가고 있다. 쉼 없이 바다를 향해 흘러가는 강물처럼 장클라는 끊임없이 꿈을 꾸며 나아가고 있다. 4월에 다시 한국에 다녀올 생각이란다. 선물 같은 삶과 사역을 나눌 어느 봄날이 벌써 기다려진다.

(2021.01.28)

좋은 친구여 잘 가라

손관희 원장이 세상을 떠났다. 친구가 떠난 자리에 흰 눈이 아쉬움과 그리움이 되어 쌓인다. 갑작스럽다기보다는 나의 무심함에 더 아프다. 많이 힘들었을 텐데... 주위 사람들에게는 아무런 내색을 하지 않았다.

관희와 나는 고등학생 때 처음 만났다. 당시에는 한 반에 한 두 명 정도 장애학생이 있었는데 같은 반은 아니었어도 같은 교회를 다녔다. 관희는 한결같은 친구다. 주일학생 때부터 지금까지 광주 동명교회를 출석하고 있다.

내가 살던 자취집과 관희네 집이 가까워서 같은 독서실에서 공부를 했다. 관희는 서울에서 치대를 졸업하고 광주에 개업을 했다. 2013년 3월부터는 실로암사람들 이사로 함께하고 있다. 정기적인 후원뿐 아니라 실로암공동체의 든든한 동역자다.

관희는 고등학교 친구들 가운데 최강 동안(童顔)이다. 오죽했으면 함께 사진 찍는 것을 기피할 정도였다. 얼마 전부터는 카페홀더 3호점에 대해 논의를 해오는 중이었다. 멋진 카페를 꿈꾸었던 친구의 꿈은 내게 숙제로 남아있다.

선교에 대한 뜨거운 열정을 지니고 살았다. 동명교회 해외 의료봉사단과 함께 수많은 선교현장을 찾아다녔다. 올해에도 세계선교위원회 총무를 맡았다. 앞으로는 간호사인 딸(손자원)이 아버지의 자리를 채워 선교지를 밟을 것이다.

선하고 멋진 친구를 먼저 보내게 되어서 아쉽고 안타깝다. 생각해보니 관희와 나는 공통분모가 많다. 장애인으로, 고등학교 친구로, 실로암사람들 이사로 함께해 왔다. 작년 말 이사회에 아내와 함께 실로암센터에서 만난 것이 마지막이 되고 말았다. 친구의 빛나는 미소가 그립다. 유가족과 우리 모두에게 하늘의 위로와 안식을 구한다.

(2021.01.29)

그의 닉네임은 '경렐루야'다

오방센터에서 가장 개성 있는 헤어스타일을 꼽으라면 떠오르는 청년이 있다. 임다현 형제는 1996년 해남에서 태어났다. 어머니는 일찍 돌아가셨고 아버지와 할아버지, 할머니와 함께 살았다. 초등학교 3학년 때 특수교육을 받기 위해 광주로 조기 유학을 왔다. 그리하여 행복재활원에서 생활하게 되었다. 음악을 좋아하던 그는 행복재활원 세잎클로버 밴드에서 베이스기타를 맡았다. 베이스기타는 지금도 가장 아끼는 물건이다. 고등학생 때부터 가수 김경호의 노래와 인간 김경호를 좋아하게 되었다. 정이 많고 소탈한 성격에다가 로커로서의 카리스마와 귀여움을 겸비한 모습에 인간적인 매력을 느꼈다.

2014년 은혜학교를 졸업하고 나서 행복원을 퇴소했다. 탈시설 후 첫 번째로 결심한 것은 장발이었다. 긴머리는 관리하는 데 공이 많이 들어가지만 만족스럽고, 이제는 자신의 트레이드 마크가 되었다. 오방체험홈에 살면서 크고 작은 시행착오를 거치기도 했다. 2016년 2월에 두암주공으로 완전 자립을 하였다. 다현은 스스로를 집돌이라 말한다. 집안 정리도 깔끔하게 하는 것을 넘어 거의 결벽증 수준이다. 주로 집에서 지내다 보니 주위에서 우울증에 걸리지 않을까 염려하기도 한다. 그러나 정작 본인은 집에서 충분히 즐기며 살고 있다. 자신의 성격은 하나를 파면 깊게 파는 스타일이라며 수줍게 웃는다. 집에서도 하루 종일 김경호의 음악을 듣고 지낸다. 기쁠 때나 힘들고 스트레스받을 때도 김경호의 노래를 통해 힐링한다. 코로나 이전에는 일주일의 절반은 노래방으로 출근하여 김경호의 노래를 불렀다. 다현은 김경호에 대한 거의 모든 것을 알고 있다. 일명 김경호학 박사다. 김경호 팬밴드에서도 활동하고 있는데 닉네임이 '경렐루야'다. 웬만한 콘서트는 따라다니는 찐팬으로 가히 경호신을 믿는 종교활동 수준이다.

다현은 다른 사람들에게 터치받지 않고 자유롭게 사는 것이 좋다. 언젠가 록밴드 활동을 꿈꾸고 있다. 자신이 좋아하는 하드코어, 익스트림 메탈을 하고 싶다. 음악을 듣는 것뿐 아니라 음향장비나 음향 엔지니어에도 관심이 많다. 개성 있는 헤어스타일과 뜨거운 열정을 지닌 다현이 만들어 갈 미래가 궁금하다. 경호신과 함께 즐겁게 자신의 꿈을 찾아 비상하기를 응원한다.

(2021.01.31)

1월을 돌아보며

코로나19로 인해 움츠려 들었지만 새해는 왔다. 광주에서는 교회를 거점으로 하는 코로나 집단감염이 폭발하면서 최대의 위기에 봉착해 있다. 모두가 힘들게 버티면서 서로가 서로를 지켜주고 있는 이 때에 반사회적 행동은 기독교의 신앙과는 거리가 멀다. 그동안 집단 감염지가 되었던 교회들은 지역사회에 공식적으로 사과해야 한다.

세상사가 그렇듯 1월도 희로애락이 교차하며 지나갔다. 무엇보다 별세하신 분들의 뒷모습을 바라보는 것은 익숙해지지 않은 일이다. 김종문 간사의 2주기와 장성아 님의 8주기를 보냈다. 남은 자로서 그분들의 삶과 정신을 이어가고 있는지 자신에게 되묻는다.

손관희 원장의 갑작스러운 별세는 커다란 슬픔이었다. 친구요 동역자인 그를 허망하게 보내고 무심했던 나 자신을 원망했다. 하늘에서 내리는 눈송이는 그나마 위안이 되었다. 잘 가라 친구야. 그리고 가까운 또 한 분을 보냈다. 새삼 많이 기대어 살고 있었다는 것을 실감했다.

1월이 가져다준 최고의 선물이 있다. 조재형 감독의 재활 치료와 새로운 삶을 응원하기 위한 모금을 통해 오히려 실로암사람들이 위로와 힘을 얻었다. 실로암사람들은 모금을 할 때마다 무지개를 만들어냈다. 매번 빠짐없이 마음을 나눠주신 회원들이 있고, 통 크게 후원하는 분들이 있다. 이번에도 48명의 회원들이 마음을 모아 500만 원이 모였다. 김현태 님은 가죽나무 도마를 손수 만들어 후원해 주셨다. 2월 2일 점심에 전달식을 가졌다. 조재형 감독은 오랜만에 외출이라 그런지 추운 날씨에도 먼저 나와 기다리고 있었다. 실로암사람들 회원들에게 고마움을 전하며 앞으로 자신의 방식대로 나누며 살겠노라고 했다. 어려운 때에 기적의 무지개를 쏘아올린 실로암사람들에게 감사한다. 실로암사람들은 회원이 힘들 때 기댈 수 있는 든든한 언덕이 되고 싶다.

(2021.02.02)

한장선 단톡방에 거는 기대

실로암사람들은 한국장애인선교단체연합회(약칭 한장선)와 멤버십을 갖고 있다. 우리나라 최초의 장애인 선교단체는 1976년에 창립된 베데스다선교회와 실로암사람들이다. 한장선은 한국의 장애인 선교는 물론 복지를 선도하는 역할을 감당해 왔으나 최근에는 개별 단체의 성장과 복지 영역의 확대로 인해 예전의 힘을 잃어가고 있다. 장애인 선교도 한국교회의 성장과 쇠퇴와 궤를 같이하고 있는 것이다.

가끔 한장선 단톡방에 올라오는 글로 인해 작은 소란이 벌어지기도 한다. 전국적으로 한장선 단체장 100여 명이 들어있다 보니 신앙적으로나 정치적으로 스펙트럼이 굉장히 넓다. 당연히 교파나 교단도 다양하고, 단체의 운영 형태도 천차만별이다. 가장 논란이 되는 것이 가짜뉴스나 극단적으로 정파적 입장을 견지하는 글이 올라올 때이다. 기본적인 팩트체크도 없이 전달받은 선동적인 글을 그대로 올리다 보니 건설적인 토론은 애초에 불가능하다.

정도가 지나치다고 생각되는 글에 짧게 댓글을 올린 적이 있다. 갑자기 분위기가 훅 달아올라 찬반으로 갈리더니 톡방을 나가는 사람들이 생겨났다. 나는 무슨 죄인이라도 되는 듯 말 한마디 못하고 침묵해야 했다. 그 뒤로는 톡방에 글이 올라와도 제대로 읽지 않게 되었다.

어제도 한차례 소란이 일어났다. 올라온 글을 읽으며 대꾸를 해야 하나 말아야 하나 고민을 하던 차였다. 편향된 글이 올라오면 누군가 점잖게 충고를 했고, 이에 동조하는 사람들의 댓글이 이어졌다. 침묵하던 사람들이 조용히 톡방을 나갔다. 최초에 글을 올렸던 사람도 감정적인 대응을 하다 톡방을 나가는 패턴을 반복했다. '악화가 양화를 구축한다'는 그레샴의 법칙이 생각났다. 소수의 사람들에 의해 논쟁의 장이 만들어지면 다수의 사람들은 침묵하거나 무관심하게 된다. 앞으로 정쟁의 요소가 있는 글은 신중하게 올리기 바란다. 혹시 적절하지 않은 글이 올라 온다 하더라도 슬쩍 넘어가는 센스(?)도 필요해 보인다. 한장선 단톡방이 장애인 선교 관련 정보와 단체 간의 교제의 장이 되었으면 한다. 무엇보다 한장선을 이끌어 오신 시니어 사역자들의 지혜와 주니어 사역자들의 열정이 만나는 장이 되었으면 좋겠다. 매주 수요일 오후에 열리는 사랑방에도 관심을 갖고 참여하도록 하겠다. 한장선의 사역자들께 주님의 은혜와 평안을 구한다.

(2021.02.03)

진실하라 온유하라 두려워 말라

- 故 강신석 목사님 추모의 글

광주의 큰 스승이 떠났다. 당신은 신실한 목회자요, 장애인과 연약한 자들의 어머니였다. 당신은 종교, 교육, 통일 등 사회운동 전반에 평생을 헌신해 온 광주의 아버지였다. 당신의 삶을 생각하면 화가 렘브란트가 말년에 그린 '탕자의 귀향'에 나오는 아버지가 떠오른다. 돌아온 아들의 등을 감싸는 아버지의 왼손은 남자의 손이고 오른손은 여자의 손이었다. "아버지의 손은 부여잡고 어머니의 손은 쓰다듬습니다. 아버지는 확신을, 어머니는 위안을 줍니다."(헨리 나우웬) 강 목사님은 이처럼 부성과 모성이 교차하는 삶을 사셨다.

나는 강 목사님을 80년대 금남로에서 처음 만났다. 깊은 울림이 담겨있는 목소리는 그보다 훨씬 넓고 깊은 삶에 닿아 있었다. 민족과 역사의 아픔을 온몸으로 짊어지고 한반도의 갈릴리라 할 수 있는 전라도 땅에서 평생을 사셨다. 당신은 강자에게는 강하고 약자에게는 약한 분이었다. 독재권력에 맞서 싸우며 3차례의 옥고를 치른 투사이면서도 사회적 약자에게는 한없이 부드럽고 자애로운 어머니였다.

당신이 담임하고 있던 광주무진교회 청년회는 설립 초기부터 실로암재활원(현 이팝너머)의 자매들과 함께해 왔다. 1991년부터는 당신이 한국실로암선교회(현 실로암사람들)의 이사장을 맡으셨다. 1992년에는 광주무진교회(남구 구동) 내에 사무실 공간을 내어주었고, 목요모임(채플)을 시작할 수 있도록 지원해 주셨다. 가장 어려웠던 시절에 강 목사님이 사주셨던 상무정의 오리바켄의 맛은 지금도 잊히지 않는다. 실로암사람들이 2000년대 이후에 이동권이나 인화대책위 등 장애인권 운동의 일선에 나선 것도 강 목사님의 영향이 컸다.

당신의 삶과 정신이 궁금하던 차에 작년 설날 세배하러 갔을 때 그 답을 얻었다. 책상에는 아놀드 피터슨 목사의 80년 광주 증언록 〈5.18 광주사태〉가 놓여 있었다. 평생의 화두였던 5·18에 대하여 지금까지 붙잡고 계셨구나 싶었다. 책상에 깔린 유리 아래에는 1982년 마하트마 간디 34주기 추모모임에 대한 함석헌 선생의 친필 초대장이 끼워져 있었다. 간디의 친필로 쓴 '진실하라, 온유하라, 두려워 말라(Truthful, Gentle and Fearless)'라는 글이 눈에 들어왔다. 당신은 평생 예수와 간디의 정신을 실천하며 살고자 했던 것이다. 하나님 앞에서 진실한 목회자였고, 사회적 약자에게는 한없이 온유한 어머니였으며, 불의한 권력자를 두려워하지 않는 투사의 삶을 사셨다.

내가 실로암사람들 대표가 되었을 때 당신이 가르쳐주신 말씀을 간직하고 있다. "자신에게는 철저하고, 타인에게는 부드럽게 대하라. 치열하게 살되 부드러움을 잃지 말아라." 아직은 많이 부족하지만 그 가르침만은 잊지 않으려고 애쓰고 있다. 강 목사님, 당신의 품이 얼마나 넉넉했는지 시간이 지날수록 뚜렷해진다. 사랑과 존경과 감사를 드린다. 유족들과 남겨진 사람들에게 하늘의 안식과 위로를 빈다.

(2021.02.08)

강신석 목사님을 따라 살고 싶다

며칠간 마음앓이가 계속되었다. 언젠가는 이런 날이 오리라 생각하고 있었지만 별세 소식은 갑작스러운 슬픔이었다. 아픔이 컸지만 소망도 더욱 굳건해졌다. 정지된 것만 같던 시간이 흘러 故 강신석 목사님의 민주사회장을 마쳤다.

추모영상을 준비하면서 배경음악을 무엇으로 할지 고민이 되었다. 안치환 님이 부른 「이 세상 사는 동안」이라는 곡을 떠올린 순간 탄성을 질렀다. 마치 강 목사님의 삶을 두고 쓴 곡처럼 다가왔다. 장례기간 동안 수없이 이 노래를 부르며 위로를 받았다.

"이 세상 사는 동안 내 흘릴 눈물들 이 생명 다한 후에 다 씻어지리니. 이 길을 가는 동안 지쳐 쓰러져도 그보다 더욱 귀한 건 생명을 봄이라. 곤한 내 혼아 눈을 들어 저 빛을 향하여 아무도 뺏지 못할 생의 자유를 되찾자. 이 세상 사는 동안 내 받을 상처들 이 몸이 묻힌 후에 다 잊혀지리니. 이 길을 가는 동안 지쳐 쓰러져도 그보다 더욱 귀한 건 자유를 봄이라. 곤한 내 혼아 눈을 들어 저 빛을 향하여 아무도 뺏지 못할 생의 자유를 되찾자."

벌써 환한 웃음과 선한 목소리가 그립다. 하나님 앞에서 진실하고 연약한 자에게 온유하였기에 불의한 권력자 앞에서 두려워하지 않는 삶을 살 수 있었다. 그동안 강 목사님이니까 당연히 그랬을 거라 생각했다.

하지만 어쩌면 두려움 속에서도 진실함과 온유함을 지켜냈을지도 모른다는 생각이 장례식을 치르면서 들었다.

강신석 목사님을 만난 것은 실로암사람들에게 큰 복이었다. 장애인을 향한 하나님의 마음을 몸소 보여주신 따뜻한 사랑은 시간이 흘러가도 식지 않을 것이다. 하관식에서 마지막 시토를 했다. 민주사회장 책자의 추모사도 마지막에 실려있다. 천천히 더디 가더라도, 꼴찌로 가더라도 강 목사님이 걸어가신 길을 끝까지 따라가고 싶다.

추모의 마음을 모아주신 회원들께 깊이 감사한다.

(2021.02.08)

내가 아는 한 사람
- 故 강신석 목사님을 기리며

그는 마음이 가난한 사람이었다
그는 슬퍼하는 사람이었다
그는 온유한 사람이었다
그는 의에 주리고 목마른 사람이었다
그는 자비한 사람이었다
그는 마음이 깨끗한 사람이었다
그는 평화를 이루는 사람이었다
그는 의를 위하여 박해를 받은 사람이었다

신세계 교향곡이 울려 퍼지는 가운데
그가 망월동에 묻혔다
우리의 가슴에 별로 떴다
봄이 오기 전에 눈이 함 내렸으면 좋겠다

(2021.02.08)

거꾸로 키재기

나는 강신석 목사님의 목소리를 좋아했다. 경건함과 포근함을 동시에 담고 있었기에 감화력이 컸다. 목회자로서 가장 부러운 부분이기도 했다. 목소리뿐 아니라 간단명료한 어법도 마음에 들었다. 무엇보다 강자에게는 강하고 약자에게는 약한 그분의 삶에 더 큰 매력을 느꼈다. 1990년대 초 실로암사람들 목요모임(채플)에서 설교한 말씀은 30년이 지난 지금도 생생하다.

사람들의 탐욕은 바벨탑을 쌓아 올렸다. 재물, 지식, 명예, 권력 등 무엇이든 가장 높이 쌓아 올린 사람이 승자가 되었다. 그 속에는 약육강식의 경쟁만 있을 뿐 하나님은 없다. 하나님이 없다 보니 하늘이 아니라 땅만 바라보고 살아가며 땅에 쌓아 올린 것을 전부라 여겼다. 한국교회도 신앙의 이름으로 쌓기 경쟁을 해오고 있다.

그러나 하나님 나라에서는 작은 자가 큰 자다. "너희 모든 사람 중에 가장 작은 그가 큰 자니라."(누가복음 9:48) 어떻게 이것이 가능할까? 기준점과 방향이 다르다. 탐욕의 땅이 아니라 하나님이 계시는 하늘이 기준점이고, 쌓아 올린 것이 아니라 나누어 내리는 방향이다. 은총은 하늘로부터 가장 낮은 곳에 임한다. 그래서 이 땅에서 가장 작은 자가 하늘로부터 키를 재면 가장 큰 자이다. 이것이 하늘로부터 오는 지혜, 믿음의 지혜다. 작은 자는 자신의 힘과 능력으로 살아가는 자가 아니라 하늘의 은총에 잇대어 살아간다. 작은 자는 자신보다 남을 더 낫게 여기는 사람이다.

강신석 목사님의 '거꾸로 키재기'의 말씀은 높이의 골리앗에 사로잡혀 있던 나를 무너뜨린 다윗의 물맷돌이었다. 나는 이 말씀을 듣고 자신의 장애를 바라보는 관점을 변화시킬 수 있었다. 과거의 죄 때문이 아니라 미래의 하나님의 일을 위해서다. 과거에서 미래로, 정죄에서 섭리로, 절망에서 소망으로 변했다. 강신석 목사님의 선한 목소리와 환한 미소가 그립다. 하늘을 쳐다보며 내 키도 솔찬하다는 생각을 하니 웃음이 난다.

평생을 낮은 자리에서 연약한 이들을 섬긴 강 목사님의 삶과 신앙을 기억할 것이다.

(2021.02.10)

광주무진교회 내에 사무실이 생기다

실로암사람들은 1976년에 창립된 장애인 단체이다. 장애인 선교의 열정에서 시작하여 인권과 복지사역을 담당하고 있다. 1978년에 광주무진교회가 설립되었다. 2년 후 광주민주항쟁을 거치면서 광주의 십자가를 짊어진 교회가 되었다. 1983년 장애여성 공동체인 실로암재활원(현 이팝너머)이 세워지면서 무진교회와의 관계가 깊어졌다. 무진교회 청년회에서는 매월 1회 정기적으로 재활원에 방문하여 다양한 봉사활동을 했다. 특히 식사를 준비하여 함께 나누어 먹은 것이 인상적이었다.

실로암사람들은 설립 초기에 후원이사회를 조직하여 운영하였는데 강신석 목사님이 참여하였다. 이후 1991년 이사회를 조직할 때 초대 이사장을 맡았다. 이후 20년을 이사장으로 실로암사람들의 울타리가 되어주셨다. 1992년은 실로암사람들에게 의미 있는 해였다. 그동안 실로암재활원을 중심으로 활동하다가 1992년에 지역사회 중심의 재가장애인 사역으로 전환하였다.

또 한 가지는 5명의 풀타임 사역자를 처음으로 세웠는데, 나도 그때 간사로 입사하였다. 당시 실로암사람들은 사무실을 얻을 형편이 되지 못했다. 사동에 있던 무진교회도 한옥을 개조한 작은 규모의 교회로 주방 옆의 작은 공간을 사무실로 내어 주었다. 사무실에 손님이라도 방문하는 날이면 일하던 직원들이 자리를 비우고 나가야 했지만 감사한 날들이었다. 1년 6개월 동안 무진교회와 함께하면서 시작했던 목요모임(채플)은 지금도 계속되고 있다. 당시 부목사로 계셨던 주승민 목사님(현 화순읍교회 시무) 부부께서 실로암사람들을 묵묵히 도와주셨다.

2005년 실로암사람들이 장애인장학회를 설립하면서 강신석 목사님의 아호(雅號)를 따라 이름을 짓고 싶었다. 하지만 강 목사님은 끝내 허락하지 않았다. 어쩔 수 없이 강 목사님이 목회하는 무진교회의 이름을 따서 무진으로 명명했다. 무진장애인장학회는 강신석 목사님의 정신을 기리고 장애학생의 교육을 지원하기 위해 시작된 것이다. 그동안 무진장애인장학회를 통해 2억 5천만 원의 장학금을 지급하였다.

강 목사님은 실로암센터를 만들어주고 싶어 했다. 무진교회에서 은퇴하고 나서는 실로암센터를 마련해 주지 못한 것을 미안해하셨다. 실로암센터는 아직도 마련하지 못했다. 언젠가 실로암센터가 세워지는 날 강신석 목사님과 곽정숙 의원님의 기념실을 만들 것이다. 그날이 빨리 왔으면 좋겠다.

(2021.02.11)

세상에서 제일 맛있었던 오리바켄

실로암사람들이 45년 동안 장애인 사역을 할 수 있었던 것은 회원들과 신실한 동역자들 덕분이다. 이사장을 맡은 강신석 목사님은 실로암사람들이 지역사회에 뿌리를 내리는 데 중요한 역할을 하였다. 이사장으로서의 역할은 물론 어려울 때마다 거액(?)의 후원자를 연결해 주었다. 또한 일 년에 두어 차례 직원들에게 독일식 요리인 오리바켄을 사주었다. 식전에 사과가 나오고 오리바켄을 먹고 나면 토하젓과 양념장에 비벼먹는 영양솥밥이 나왔다. 문제는 오리바켄이 순식간에 사라진다는 것이었다. 강 목사님은 추가 주문을 했고 눈치 없는 우리들은 맛있게 먹었다.

상무정이 염주체육관 앞으로 이전한 후에도 오리바켄 회식은 계속되었다. 언젠가 이명자 집사님도 식사 자리에 함께했는데, 무진교회 성도들에게는 싼 것만 사주면서 실로암 식구들에게는 비싼 것 사준다며 실로암 올 때는 따라오겠다고 했다. 말 그대로 이명자 집사님은 강 목사님에 이어서 실로암사람들 이사로 함께했다. 몇 년 전 상무정이 문을 닫아 다시 맛볼 수는 없지만 강 목사님과 함께 먹었던 오리바켄의 맛은 지금도 잊히지 않는다.

강 목사님은 가끔 사무실에 들러 직원들을 격려해 주셨다. 인사를 나누고는 금세 모습이 보이지 않아 찾다 보면 쓰레기를 줍거나 빗자루를 들고 화장실 청소를 하고 계셨다. 그럴 때면 민망해서 쥐구멍이라도 들어가고 싶었다. 힘들고 어려운 일에 솔선수범하는 모습을 보며 궂은일은 남에게 요구하기보다 내가 먼저 해야겠다는 다짐을 했다.

강신석 목사님은 매사에 분명하고 단호한 분이셨다. 그런데 유독 실로암사람들에 대해서는 부드럽고 자애로웠다. 언젠가 직원들과 함께 무진교회에서 강 목사님과 이야기를 나누고 있었다. 교회관계자가 도대체 저분들이 어떤 사람들이길래 강 목사님이 저리도 따뜻하게 대하실까 부러워할 정도였다. 언제부터인가 강 목사님은 실로암사람들의 영원한 큰 바위 얼굴이 되었다.

(2021.02.12)

강핏대의 열정이 그립다

강신석 목사님을 처음 본 것은 금남로였다. 앰프를 타고 들려오는 목소리는 확신에 차 있었다. 거기에다가 마음을 움직이는 강한 힘이 있었다. 이후 실로암사람들의 이사장으로 만난 강 목사님은 한없이 부드럽고 자애로운 분이셨다. 실로암사람들의 크고 작은 일에 울타리 역할을 해 주었다. 언제 어디서나 강 목사님 이름 석자를 내세우고 나가면 든든하고 안심이 되었다.

1996년에 실로암문학회가 발족하여 활발한 활동을 하던 어느 해에 광주시청 로비에서 시화전을 열게 되었다. 청사가 계림동에서 치평동으로 이전한 지 얼마 되지 않았을 때이다. 요즘이야 시청 로비에서 전시회를 하는 것이 일상이지만 당시만 해도 행정의 문턱은 상당히 높았다. 분주하게 개회식을 준비하던 중 시화전에 필요한 탁자를 행정에 요청했으나 협조는 커녕 핀잔이 돌아왔다. 자초지종을 지켜보던 강 목사님이 급기야 시장에게 전화를 걸었다. 당시만 해도 순진(?)했던 나는 어찌할 바를 몰라 당황했다.

강 목사님은 암울했던 시대의 절대권력에 온 몸을 던져 대항한 싸움꾼이었다. 광주의 이름으로, 사회적 약자의 이름으로 기득권을 가진 세력과 평생을 맞서 왔기에 늘 핏대가 서 있었다. 그리하여 별명이 '강핏대'라 불리었다. 누군가 해야 하는 일이라면 뜸 들이거나 체면이나 이해관계를 따지지 않고 나섰다. 강 목사님의 사람 사랑에 대한 열정이 그립다.

(2021.02.13)

명절이 기다려지는 이유

명절이 되면 가장 기다려지는 시간이 있다. 강신석 목사님 댁에 찾아가 설날과 추석 그리고 생신 문안 인사드리는 것이다. 아무리 바빠도 강 목사님 댁에 갈 때는 개근했다. 홍삼을 주로 선물했는데 부모님들이 딸기 농사를 지을 때는 벌교에서 광주로 올라오는 길에 딸기를 드리기도 했다. 뵐 때마다 늘 환한 웃음으로 맞이해 주셨다. 설날에는 오천 원짜리 신권으로 세뱃돈을 주셨다. 사모님 말씀에 의하면 실로암 직원들 세뱃돈을 위해 따로 신권을 준비해두신다고 했다.

무엇보다 강 목사님이 실로암사람들을 위해 기도해 주는 시간이 제일 좋았다. 건강이 괜찮았을 때는 근처 식당에 가서 함께 식사를 했다. 강혜영 사모님은 강 목사님에 대하여 '성실한 사람'이라고 했다.

몇 년 전부터 알츠하이머로 인해 안타까움을 더했다. 점점 일상적인 대화가 어려워져 갔다. 작년 설날에 찾아갔을 때 강 목사님은 주무시고 계셨다. 슬며시 손을 잡으니 따뜻한 온기가 전해왔다. 금세 눈을 뜨시더니 빙긋이 웃었다. 한참 동안 침대 말에서 숨죽여 앉아 있었다. 침대 옆 책상에는 아놀드 피터슨 목사의 80년 광주 증언록 『5·18 광주사태』가 놓여있었다. 평생의 화두였던 5.18에 대하여 지금까지 붙잡고 계시는구나 싶었다. 책상에는 1982년 마하트마 간디 34주기 추모모임에 대한 함석헌 선생의 친필 초대장이 있었다. 초대장에는 간디의 '진실하라, 온유하라, 두려워 말라(Truthful, Gentle and Fearless)'라는 말이 쓰여있었다. 강 목사님의 삶과 사역을 돌아보면 하나님 앞에 진실하고, 약자에게 온유하며, 불의한 권력자를 두려워하지 않는 삶을 사셨다.

강 목사님이 돌아가시고 첫 명절을 보냈다. 허전하고 아쉽다. 실로암사람들에게는 한없이 따뜻하고 한결같았던 분이 벌써 그립다. 광주의 선각자 오방과 의제가 거닐었던 무등산 자락에서 또 한 분의 발자취를 돌아보며 마음의 옷깃을 여민다.

(2021.02.14)

무명성 지구인, 30호 가수 이승윤 다시 보기

싱어게인이 끝나서 월요일 밤이 허전하다. 한동안 누군가를 만나기로 약속이나 한 것처럼 기다려지는 시간이었다. 가장 만나고 싶은 사람이 바로~ 30호, 29호, 63호였다. 결과적으로 이들은 탑 3가 되었다. 예지력이나 감(感)이 좋아서가 아니라 그냥 마음이 갔다. 싱어게인의 부제가 무명 가수전이다. 무명이라는 의미가 이름이 없다는 것은 아닐 것이다. 명성이 없을 뿐 이름은 누구에게나 있다. 내가 쓴 무명성 책 '이름 없는 꽃은 없다'처럼 말이다.

우리가 그 사람이나 꽃의 이름을 모를 뿐 이름이 없는 것은 아니다. 무명성 지구인은 이승윤이 2018년에 발표한 1집 음반에 수록된 곡이다. 무명성 지구인, 30호 가수 이승윤은 아이러니하게 무명 가수전을 통해 유명 가수가 되었다. 무엇보다 주류 가요계에서 보기 힘든 인디 아티스트들의 가능성을 보여주었다는 것에 박수를 보낸다. 싱어게인은 끝이 났어도 30호 가수에 대한 관심과 기대가 끝난 것이 아니다. 유튜브 검색을 통해 동영상을 보면서 아쉬움을 달래고 있다.

사람은 대부분 '무명성 지구인'으로 살아간다. 명성이 없다고 실망할 일도 아니다. 자신의 빛깔로 오늘을 의미 있게, 즐겁고 감사하게 살아가면 족하다. 오늘은 '오! 늘~~'이다. 오늘을 살아내지 못하면 내일도 미래도 일생도 내세도 없다.

싱어게인이 진행하던 중 30호 가수가 이재철 목사님의 아들이라해서 화제가 되었다. 이제 싱어게인이 끝나고는 30호 가수 이승윤의 아버지 이재철 목사님이 재조명되고 있다. 아무튼 그 아버지의 그 아들이다. 이승윤의 바람처럼 노래가 자기 이름 앞에 오는 가수가 되기를 바란다.

(2021.02.16)

현장의 의견을 존중하라

– 사회복지종사자 처우개선 논의에 대한 소회

눈 오는 거리를 뚫고 광주시청으로 갔다. 오랜 기다림 끝에 광주시와 사회복지종사자 처우에 대한 간담회가 있는 날이다. 오늘은 특히 여성가족국 산하시설 종사자에 대한 논의이기 때문에 더욱 중요한 의미를 담고 있다. 어젯밤에 받은 자료를 살펴보면서 지난번 복지건강국 자료와 별로 다르지 않아서 다행이라는 생각이 들었다. 결국 단일임금 체계로 가야 하기 때문이다. 공무원들은 이런 논의 자리가 부담스럽다고 한다. 잘한 것은 칭찬하지 않고 못한 것만 가지고 공격하기 때문에 편안하지 않다는 것이다. '왕관을 쓴 자, 그 무게를 견뎌라'는 말처럼 어떤 위치든지 부담스러운 책무가 따르기 마련이다. 부담스럽기는 민간도 마찬가지다. 서로가 서 있는 자리가 다르다는 입장의 차이를 인정해야 한다.

하지만 현장은 아직도 목마르다. 어쩌다 한 번 있는 간담회 자리에서 다 쏟아내지 않으면 다시는 기회가 없다. 일 년에 두어 차례 담당자가 바뀌면 처음부터 다시 이야기를 해야 한다. 솔직히 이렇게 이야기하다가 행정에 찍혀서 불이익을 보는 것 아닌가 하는 생각이 들 때도 있다.

목소리를 높이는 것은 절박함 때문이다. 공무원은 한두 번 하는 이야기일 수 있어도 현장에서는 수십 번 말해왔다. 공무원은 지금부터 점차적으로 하자고 하지만 현장은 3년 전부터 5년, 10년 전부터 기다려왔던 것이다. 공무원은 1년 정도 지나면 다른 부서로 가면 끝나지만 현장은 퇴직 때까지 계속된다.

2021년은 사회복지종사자 처우와 관련하여 중요한 해이다. 늦었지만 조속히 2기 사회복지종사자 처우개선 3개년 계획(2021-23)이 세워져야 한다. 그 핵심은 서울시처럼 모든 사회복지시설 종사자의 단일임금 체계를 완성하는 것이다. 처우개선은 예산의 문제가 아니라 사회복지 종사자에 대한 존중에서부터 시작된다는 사실을 기억하기 바란다.

(2021.02.18)

그리움은 눈으로 내린다

- 고 손관희 친구, 강신석 목사님을 그리며

눈이 온다
하늘로부터 그리움이 내린다
사람 좋았던 친구의 뒷모습도
잇몸을 드러낸 목사님의 환한 웃음도
하얀 눈이 되어 내린다

눈이 녹으면
봄이 온다는 친구의 말도
덕(德)스럽게 하자는
목사님의 마음도
하얗게 하얗게 쌓인다

성질 급한 홍매화는
차가운 대지 위에 얼굴을 내밀고
가슴에 붉은 그리움을 물들인다
나뭇가지 사이로
파랑새 두 마리 푸르릉 하늘로 날아간다

(2021.02.18)

장애인이 목회자가 되는 것을 허하라

뇌병변장애를 갖고 태어난 유진우 씨는 자신이 다니던 학교에 자퇴서를 냈다. 그는 초등학교 3학년 때부터 목사가 되어 소외받은 사람들과 함께 어울려 사는 꿈을 꾸었다. 그러나 신학대학원에 다니면서 지역교회에서 목회실습을 해야 하는데 어떤 교회도 그를 받아주지 않았다. 지금까지 10곳이 넘는 교회의 문을 두드렸으나 '장애'를 이유로 면접의 기회조차 주지 않고 거절당했다. 장애인이 성직자가 되는 길은 좁은 문이다. 천주교나 불교에 비하면 개신교는 상대적으로 나은 편이다. 하지만 개신교에서도 중증장애인들은 문턱이 높다. 그러다 보니 장애인교회(?)를 개척하든지, 장애인 선교단체 또는 교회 내 장애인부에서 일하는 것이 현실이다. 그나마 이런 기회가 있다면 다행이라 할 수 있다.

35년 전에 나도 그랬다. 서울에서 신학을 공부하며 목회자로서 훈련을 받고 싶었다. 1987년 지도교수의 추천서를 받고 찾아간 교회는 기도하고 연락 주겠다고 해놓고 지금까지 연락이 없다. 두어 번 그런 경험을 하고 나니 교수님께 미안해서 추천서를 써달라는 이야기를 못했다. 이후 광주대광교회에서 교육전도사로 5년 동안 일할 수 있었던 것은 행운이었다.

모두를 위한 교회로서 사회적 책임이 요구된다. 장애인이 교회에 접근할 수 있도록 보장해야 한다. 장애인 목회자를 교육하는 과정이나 목회자로 사역할 때에 정당한 편의를 제공해야 한다. 하지만 장애인 목회자들은 누군가의 선의에 기대야 한다. 장애인의 장애를 사회적 관점에서 접근하지 못하고 개인의 문제로 한정하기 때문이다. 교회와 목회자를 대상으로 장애인식 개선 교육부터 해야 한다. 이제 한국교회가 장애인 목회자 문제를 통해 자신의 정체성에 대하여 답해야 한다.

(2021.02.19)

구름이 머무는 곳에 다녀오다

실로암사람들에는 목사 4명이 함께하고 있다. 네 명이서 하는 중요한 일이 목요모임 설교와 행복재활원 예배 설교다. 그런데 코로나로 인해 작년 2월부터는 개점휴업 상태다. 오랜만에 목사 넷이 모였다. 사실 목사들이 모이면 제일 재미없게 논다. 오늘은 실로암센터에 모여서 4인 4색 〈내강평송〉을 불렀다. 날도 좋고 바람도 시원하여 찾은 곳이 이팝너머다.

이팝너머는 증축 공사를 하고 있는데 터파기를 마치고 바닥 철근 작업을 하는 중이었다. 바로 옆 실로암센터 부지도 돌아보고 언젠가 들어설 센터를 기대하며 함께 기도를 드렸다. 김형국 목사님은 10년 후엔 도금마을에 아파트가 들어설 것이라는 예언을 했다.

저녁을 먹기에는 이른 시간이어서 운주사를 찾았다. 황석영의 소설 장길산을 읽을 때 운주사 와불 이야기는 매우 인상적이었다. 그즈음 운주사를 다녀간 후 30년 만이다. 운주사는 일주문에서부터 여느 절과는 다른 분위기였다. 나지막한 야산과 주변 자연과 조화를 이룬 소박함이 평온함을 주었다. 천불천탑(千佛千塔)과 와불(臥佛)로 알려진 운주사는 현재 석불 93구와 석탑 21기가 남아있다. 운주사의 창건 시기는 확실히 밝혀지지 않았지만 석불과 석탑의 양식이 고려시대의 것으로 알려져 있다.

비포장 길은 걷기에 적당했다. 마침 성도재활센터 김원선 씨가 준 지팡이를 짚으며 보행 연습이라도 할 요량으로 걸었다. 평소에는 오른발에 장애가 있기에 지팡이를 오른손으로 짚었는데 원선 씨 말로는 왼손으로 짚어야 하중의 분산 효과가 높다고 했다. 처음에는 어색하더니 금세 익숙해졌다.

운주사는 규모에 비해 담고 있는 이야기는 거대해 보인다. 그동안 문학이나 예술에 미친 상상력은 앞으로도 계속될 것이다. 돌아오는 길에 정호승 시인의 〈풍경 달다〉를 안치환의 노래로 들었다.

"운주사 와불님을 뵙고 / 돌아오는 길에 / 그대 가슴의 처마 끝에 / 풍경을 달고 돌아왔다 // 먼 데서 바람 불어와 / 풍경소리 들리면 / 보고 싶은 내 마음이 / 찾아간 줄 알아라"

구름이 머무는 곳, 운주사(雲住寺) 길가에 제법 큰 벚나무가 서 있다. 꽃바람에 실려온 풍경 소리가 듣고 싶다. 머잖아 봄날에 다시 와서 와불님도 뵈어야겠다.

(2021.02.21)

사나 죽으나 그리스도를 위하여
- 아낌없이 주는 나무, 고 강신석 목사님

2월 초 강신석 목사님의 갑작스러운 별세 소식을 듣는 순간 하늘이 무너지는 것 같았다. 평소 강 목사님을 존경했던 김민선 소장은 한참을 울었다. 코로나19로 인해 마지막 보내드리는 것조차도 맘대로 하지 못해서 안타까웠지만 오히려 고인께서 살아온 삶처럼 소박하면서도 차분하게 진행되었다. 평생을 신실한 목회자로, 연약한 자들의 아버지로, 민주주의의 투사로 살았던 강 목사님은 5·18 국립묘지에 안장되었다.

실로암사람들은 강 목사님께서 이사장으로 함께하셨던 사진을 모아 추모영상을 만들었다. 유튜브에 올린 영상은 현재 조회수 700회를 훌쩍 넘겼다.(실로암사람들이 올린 유튜브 영상 중 최고 조회수) 캄보디아에 있는 클라리넷티스트 장성규 형제는 추모연주 영상을 보내왔다.

나는 깊은 슬픔으로 추모의 글과 시를 썼다. 장례식 후에는 강 목사님과 실로암사람들의 추억이 담긴 다섯 편의 글을 회원들과 공유했다.또한 목요모임 라이브를 통해 강 목사님 추모특집 방송을 했고, 실로암사람들 봄호 소식지를 추모특집으로 준비하고 있다.

목사님이 별세하신 지 두 주일이 지났지만 아쉬운 마음이 떠나지 않았다. 지난 22일, 강 목사님의 큰아들인 강의준 목사님에게서 전화가 걸려왔다. 장례식을 잘 마쳤다는 것과 강 목사님의 유지를 받들어 실로암사람들에 후원하고 싶다는 뜻을 밝혔다. 나는 계좌번호를 알려드리고 며칠을 잊고 지냈다. 오늘 법인 회계 담당자로부터

3천만 원이 입금되었다는 말을 전해 들었다. 순간 단위 수를 잘못 본 것 아니냐고 물었다. 강의준 목사님께 전화를 드렸더니 실로암 사람들이 아버님의 뜻을 잘 알고 있을 거라 생각한다며 의미 있는 곳에 써달라고 했다.

실은 내가 알려준 계좌가 실로암센터 건립을 위한 모금 통장이었다. 생전에 강신석 목사님께서 실로암센터 건립을 위해 애쓰셨던 것들이 떠올랐다. 언젠가는 현 여성장애인연대 건물을 여장과 함께 쓰도록 해 주셨으나 좁은 공간에 두 단체가 함께 사용하기 어려워 고사했다. 나중에는 무진교회 앞 100여 평 되는 땅을 말씀하기도 했다. 퇴직 후에는 실로암센터를 직접 마련해 주지 못한 것에 대하여 늘 미안해하셨다.

살아 계실 때에는 예수님께 속한 자(belong to Jesus)로 사셨고, 죽어서는 아낌없이 주는 나무가 되어 실로암센터 건립을 위해 불길을 당겨주셨다. 강의준 목사님과 통화를 마치고 나니 눈물이 흐르고 있었다. 언젠가 실로암센터가 세워지면 강신석 목사님과 곽정숙 의원님의 기념실을 만들고 싶다. 실로암사람들은 그 분들의 삶과 사역을 본받아 모두를 위한 공동선(common good)을 추구할 것이다.

(2021.02.24)

장애인의 삶을 변화시키는 힘은 교육에 있다

봄을 재촉하는 비가 내리는 날 2021년 봄학기 무진장애인장학회 장학금 전달식이 있었다. 매년 4월에 개최하는 희망나눔 바자회의 수익금이 장학금의 가장 큰 재원이 되었는데 작년에는 코로나19로 인해 바자회를 개최하지 못했다. 그러다 보니 봄학기 장학금이 모금될 수 있을지 불투명했다. 하지만 어려운 때 가장 어려움을 겪는 이들이 바로 장애인이기에 어떻게든 해보기로 마음먹었다.

무진장애인장학회는 장애인 지도자 육성을 목적으로 2005년에 설립하였다. 17년 동안 2억 4천만 원의 장학금을 지급했다. 크고 화려하지는 않지만 꾸준하고 소박한 손길을 이어오고 있다. 올해에는 6백만 원의 장학금을 마련했는데, 작년에 새롭게 구성한 운영위원들께서 큰 힘이 되었다. 장학금 신청자들은 여느 해보다 많았다.

최종적으로 김영웅(호신대), 배영준(한국열린사이버대), 이현아(서울디지털대), 김영민(서울장신대 신대원), 윤정표(송원대), 한준서(우석대) 학생이 장학생으로 선정되었다. 코로나19로 엄중한 상황이어서 장학금 전달식은 비대면으로 진행되었다. 유튜브와 실로암밴드 실시간 스트리밍을 통해 운영위원들의 축사, 장학생들의 소감을 나누었다.

장애인장학회가 무진이라는 명칭을 갖게 된 것은 알려지지 않은 이야기가 있다. 장학회를 준비하면서 오랫동안 실로암사람들 이사장으로 봉사하신 강신석 목사님의 아호(雅號)를 명칭으로 사용하고 싶었다. 하지만 작은 것이라도 드러내기를 싫어하는 강 목사님은 끝내 허락하지 않으셨다. 하는 수 없이 강 목사님이 목회하고 있던 광주무진교회의 명칭을 따서 무진장애인장학회가 되었다.

지난 2월 5일에 별세하신 강신석 목사님의 손길이 여기에도 스며들어 있는 것이다. 무진장애인장학회 사역은 실로암사람들의 많은 사업 가운데 하나의 의미를 넘어선다. 실로암사람들이 이념과 가치를 가장 잘 보여주는 사역이다. 김황용 운영위원장의 말처럼 "장애인 문제는 대부분 교육의 문제이며, 장애인의 삶을 변화시키는 힘이 교육에 있다"라고 생각한다. 이 소박한 장학금이 장애인 당사자를 우리 사회의 지도자로 세우는 데 밀알이 될 것이다.

(2021.02.25)

내강평송은 서로에게 위로다

1992년 1월부터 시작해서 29년을 달려온 목요모임이 작년 2월 2일부터 멈춰있다. 중간에 몇 번 다시 모이기도 했지만 언제인지 생각이 안 날 정도다. 처음에는 금세 다시 시작할 수 있을 거라는 생각만 했다. 그러다가 7주째 모임을 갖지 못하면서 목요모임이 얼마나 소중한 것이었는지 실감하게 되었다.

목요모임을 기다리며 3월 17일에 목요모임 라이브를 시작하였다.목요모임 라이브를 홍보하기 위해 영상을 하나 준비했다. 이유미 국장이 어린 시절 주일학교에서 불렀던 "사랑은 참으로 버리는 것"이란 찬양을 유쾌하게 부른 것이다. 이 영상이 바로 〈사참버송〉의 시작이 되었다. 한동안 수면 아래 가라앉아있던 사참버송은 4월 말에 김현아 처장과 이은선 자매가 부르면서 릴레이송으로 부활하였다. 이후 사참버송은 코로나 블루로 지친 실로암사람들의 힐링송이 되었다. 작년 6월 초까지 72명(팀)이 릴레이를 이어갔다. 신원벧엘교회에서는 사참버송을 벤치마킹하여 '사랑의 띠'를 릴레이송으로 부르기도 했다.

2021년을 시작하며 두 번째 릴레이송 이벤트를 시작했다. 〈내강평송〉도 이유미 국장이 포문을 열었다. 1년이 넘게 이어지는 코로나19로 인해 지친 일상에 에너지를 불어넣고 서로를 응원하기 위해서다. 한동안 반응이 신통치 않아서 사그라지는가 했더니 1월 하순 전형도 님의 노래로 다시 탄력이 붙기 시작했다. 3월 8일 현재, 사참버송은 90명(팀)을 넘어섰다. 때마침 코로나19 백신 접종이 시작되었다. 사상 유례없이 전 세계를 팬데믹으로 몰아넣었던 코로나19도 변곡점을 맞이한 듯하다.

3월 말에는 내강평송 릴레이를 마감하려 한다. 아직 참여하지 못한 회원은 서두르기 바란다. 기독교의 믿음은 고백한 대로 이루어진다. "내게 강 같은 평화, 내게 강 같은 평화, 내게 강 같은 평화 넘치네."

(2021.03.08)

20원 아르바이트를 시작하다

집에서 새소리와 풀벌레 소리를 들으면 기분이 참 좋았다. 그러나 이제는 주위가 온통 아파트다. 다행히 우리 집과 뒷산이 간신히 연결되어 있을 뿐이다. 요 며칠 집 근처 산책을 다니고 있다. 봄바람에 이끌려 산책로에 들어섰다가 30분을 걸었다. 산수유와 수선화가 노란빛을 발하고 있다. 목련은 출발선에 서 있는 선수처럼 앞다퉈 꽃봉오리를 틔울 기세다. 집 근처에 이런 곳이 있었다니 그동안 무심했던 것이 미안하다. 동백이나 매화를 빼고는 겨울과 봄의 경계에서 피어나는 복수초, 영춘화, 산수유, 수선화, 개나리가 모두 노란 꽃이다. 하루하루 달라지는 푸릇푸릇한 봄의 기운을 확인할 수 있었다.

일주일 전부터 퇴근 후 아르바이트를 시작했다. 고작 하루 20원인데 재미가 쏠쏠하다. 휴대폰에 일명 만보기 앱을 설치했는데 100보에 1원의 캐시가 주어진다. 하루에 보통 2천에서 3천보 정도를 걷는다. 하루 5천보는 걸어야 심신이 건강하다는 말에 퇴근 후 2천보를 걷기로 했다. 2천보를 걸으면 20 캐시가 들어온다. 불금인 오늘은 모처럼 칼퇴를 하고 산책에 나섰다. 산책로 입구에서 마주한 '구름다리 0.5km' 이정표를 보면서 별생각 없이 등산로로 들어섰다. 계단을 오르면서 후회가 몰려왔으나 언젠가 한 번은 가보고 싶은 곳이어서 처음이자 마지막이라는 생각으로 걸었다. 다행히 넘어지지 않고 1시간 만에 4,500보를 걸었다.

5천 원이 쌓이면 딸에게 커피 한 잔을 선물할 생각이다. 현재 1,293 캐시니까 년 말까지 열심히 걸으면 가능할 듯하다. 나는 봄

기운과 사시사철 변하는 자연을 만끽하고 건강을 챙기면 그만이다. 우유를 마시는 사람보다 배달하는 사람이 더 건강하다는 말을 증명하고 싶다.

(2021.03.12.)

겨울과 봄은 원팀이다

이제 완연한 봄이다. 한 번쯤 꽃샘추위가 왔으면 하는 객기도 생긴다. 그러다가도 지난 주말 추위에 꽃망울이 지지 않을까 걱정이 되었다. 실로암센터 앞 작은 꽃밭에 수선화가 절정이다. 3월 초부터 사람들의 눈길과 손길을 받으며 싹을 틔워내더니 차례로 꽃봉오리를 터트리고 있다.

꽃밭에서 제일 눈이 가는 녀석이 있다. 작년 5월, 보성에서 가져다 심은 작약인데 누군가 밟아서 줄기가 꺾여 시들고 말았다. 죽은 줄만 알았던 작약이 봄이 되자 새순이 올라왔다. 무럭무럭 자라는 다섯 줄기 작약은 고 이육남 회원의 산소에서 가져온 것이어서 더욱 반갑다.

"겨울은 봄을 이길 수 없다"라는 말이 있다. 계절의 변화나 인생살이도 어려운 순간을 참고 견디면 언젠가 좋은 날이 온다는 의미일 것이다. 그런데 올 겨울 꽃밭을 보면서 겨울과 봄은 서로 싸우지 않는다는 것을 알게 되었다. 겨울은 엄동설한 속에서도 봄날을 준비해 온 것이다.

겨울과 봄은 원팀이다. 마치 400m 계주처럼 사계절이 자신의 역할을 다해가며 싹을 틔우고 꽃을 피우고 열매를 맺는다. 삶의 고난이 오히려 새날을 잉태하는 어머니다. 올봄 꽃밭에서 작약꽃과 마주할 순간이 기대된다.

(2021.03.16)

올곧음과 자유로움

벌써 5주기가 되었다. 목련이 필 때였구나. 오랜 시간이 흘렀어도 늘 함께하는 듯한 느낌은 무엇일까? 어쩌면 실로암사람들 곳곳에 묻어있는 당신의 손길 때문일 것이다.

얼마 전 담양의 대나무 숲길을 걸었다. 하늘을 향해 솟은 기세와 댓잎의 사각거림이 좋다. 올곧음과 자유로움을 느끼면서 당신의 삶과 사역이 떠올랐다. 올곧지 않으면 자유로울 수 없고, 자유로워야 끝까지 올곧음을 지켜낼 수 있을 것이다. "의를 선택하고 약자 편에 서서 최선을 다한다." 당신이 살아가는 방식이었죠. 정의를 말하면서도 선택적이기 쉽고, 약자의 손을 잡고서도 자신의 이익을 구하는 세태 속에서 자신을 지켜내는 것이 여간 힘이 드는 게 아니다.

올곧고 자유롭게 살아가고 싶다. 책상 위에 걸린 당신의 그림처럼 노랗게 물든 봄 길을 걷기에 적당한 날이다. 5년의 그리움과 못다 한 감사를 올려 드린다.

(2021.03.18)

투쟁 없는 삶으로 돌아가지 않겠다!

장애인 활동가 4명이 구치소로 들어갔다. 최근 5년 동안 장애인권 운동을 하면서 가해진 벌금 4,440만 원을 대신하여 노역 투쟁에 들어갔다.

정확히 말하면 부당한 벌금에 대한 불복종의 의미로 구치소에 자진해서 들어간 것이다. 장애인 활동가들에게 가해진 벌금의 내용을 보면 정부의 처사가 얼마나 부당한 것인지 들여다 보인다.

- 2016년 경기도 이동권 투쟁으로 2층버스 점거
- 2018년 10월 장애인 예산 투쟁으로 국회에서 새누리당사까지 행진(일반교통방해)
- 2019년 8월 경기도 성심원 투쟁으로 수원역 점거(일반교통방해)
- 2019년 서울시 예산투쟁으로 서울시청 점거
- 2019년 8월 국민연금관리공단- 종합조사표 모의테스트 요구 8차선 도로점검(일반교통방해)

정부는 장애인의 기본적인 생존의 권리를 외면하고 있다. 이에 저항하여 장애인권을 외치며 앞장섰던 활동가들에게 벌금 폭탄을 통해 입을 틀어막고 있는 것이다. 현실은 장애인이 생존권적 기본권을 보장받지 못하며 살아온 것에 대하여 손해배상을 해야 할 지경이다.

전국장애인차별철폐연대 활동가들의 노역 투쟁은 벌써 세 번째다. 우리나라의 장애인 복지와 인권은 이들의 투쟁에 빚진 바가 크다. 계속해서 몇몇 활동가들의 자기희생만을 강요해서도 안 된다. 딱딱하고 차가운 구치소 바닥과 불편한 화장실은 물론 휠체어도 사용할 수 없고 활동지원 서비스도 없다. 중증장애인 활동가들은 맨 몸으로 죽음의 공포에 맞서야 한다. 어쩌면 4명의 활동가들 속에 내가 들어있어야 했다. 하지만 그 짐의 무게를 알기에 외면해왔던 것이다. "투쟁 없는 삶으로 돌아가지 않겠다! 우리의 투쟁은 이어진다!"는 권달주, 박경석, 이형숙, 최용기 동지의 마음을 알기에 더욱 아리다.

고작 광주장차연에 노역 투쟁 벌금 모금을 알리고 실로암사람들과 오방센터를 통해 마음을 보탰다. 54시간 만에 전국적으로 2억원이 모금되었다. 다행히 활동가들은 모두 3일째 밤에 구치소에서 나올 수 있었다. 이와 같은 기적은 전국장애인차별철폐연대가 걸어온 장애인권 투쟁의 정당성을 굳건한 연대를 통해 확신시켜 주었다.

4.20을 앞두고 있다. 광주에도 장애인권의 봄이 언제나 올 것인지 아직도 요원하다. 분명한 것은 "투쟁 없는 삶으로 돌아가지 않겠다!"는 결의와 "우리의 투쟁은 이어진다!"는 행동만이 이를 앞당길 것이다. 이제는 우리가 나설 차례다.

(2021.03.20)

건강은 습관의 열매다

걷다가 아찔한 계단을 만날 때면 장가계가 떠오른다. 재작년 여름 장가계 여행은 지금도 생생하다. 멋진 풍광보다는 끝없이 계단을 오르내리고 숨이 멎을 만큼 걸었던 기억뿐이다. 음지가 있으면 양지가 있듯이 장가계 여행은 건강을 돌아보는 계기가 되었다. 건강을 위해 재작년 8월 19일에 운동을 시작했다. 그럭저럭 이어가던 운동도 작년 2월, 코로나19로 인해 체육관이 문을 닫으면서 멈췄다. 다행히 작년 7월, 3주간의 다이어트를 통해 8kg 감량에 성공했다. 이후 탄수화물을 섭취를 최소화하는 식사를 이어오고 있다. 하지만 근력이 떨어져서 그런지 서 있는 것이 점점 힘에 부쳤다. 올해 들어 목과 어깨도 아파왔고 쉽게 피곤해졌다.

건강에 대한 고민이 늘어가던 차에 봄꽃이 실마리를 풀어 주었다.

3월 초 봄바람에 이끌려 산책로에 들어섰다. 처음에는 2,500보를 걷는 것조차 힘이 들었는데 점차 여유를 갖게 되어 하루 5,000보 이상을 걷고 있다. 역시 건강은 습관이 중요하다. 일상에서 굳어진 습관의 열매가 건강으로 맺히는 것이다. 나이가 들어갈수록 몸 쓰는 일이 둔해진다. 나에게 적당한 몸 쓰기가 무엇인지 찾아가는 중이다. 산책로 중간에 있는 의자에 앉아 호흡을 가다듬으며 하늘과 나무를 바라보며 바람에 몸을 맡긴다.

커다란 나무 위에 달린 '새집'이 유독 눈에 들어온다. 언젠가 만나게 될 그 집의 주인 녀석이 궁금하다.

(2021.03.22)

낯선 땅에 뿌리내린 미나리처럼

조재형 감독이 영화 '미나리'를 보고 싶어 했다. 실은 나도 코로나19로 인해 1년 6개월 만에 영화관을 찾았다. 작년에도 눈길이 가는 영화가 몇 있었는데 코로나로 가장 위험한 장소가 영화관이라는 생각에 얼씬도 안 해왔던 것이다. 조 감독도 사고 후 3년 만이라고 했다.

영화관은 우리 일행을 빼고 딱 한 명이 관람했다. 코로나로 극장이나 공연장이 얼마나 큰 타격을 입었는지 실감이 갔다. 조 감독은 오가는 내내 즐거워했다. 그렇게 좋아했던 영화관을 사고 후 처음 찾았으니 오죽하겠는가?

영화 〈미나리〉는 낯선 땅에서 희망을 찾아가는 한 가족의 이야기다. 할머니(윤여정)는 미나리처럼 살고 싶었던 모양이다. "미나리는 이렇게 잡초처럼 아무데서나 막자라니까 누구든지 다 뽑아 먹을 수 있어. 부자든 가난한 사람이든 다 뽑아먹고 건강해질 수 있어." 아카데미에서도 좋은 결과가 있기를 응원한다.

문득 영화 〈미나리〉가 조 감독을 닮았다는 생각이 들었다. 낯선 땅 어디서나 뿌리내리는 미나리처럼 조 감독이 새로운 환경에서 삶을 세워가기를 응원한다. 물과 햇빛이 되어주는 이웃이 필요하다. 실로암사람들이 그런 역할을 했으면 좋겠다.

(2021.03.22)

3.26에 왜 전국의 장애인들이 모이는가?

전국의 장애인권 운동가들이 세종시에 모여 3.26 전국장애인대회가 열렸다. 이른바 2021년 장애인권운동의 춘투(春鬪)가 시작된 것이다. 매년 3.26에서 4.20까지가 중앙뿐 아니라 지역에서도 투쟁이 이어진다. 3.26이 어떤 날이기에 사람들을 모이게 하는가? 3.26은 최옥란 열사의 삶과 죽음에서 비롯된다.

최옥란은 뇌성마비 장애인으로 노점상을 하며 살았다. 몸이 안 좋아져서 노점상을 포기하고 받은 수급비는 고작 28만 원(2001년)이었다. 그녀는 국민기초생활보장제도의 개정을 요구하며 죽음을 선택했다. 그녀의 죽음은 부양의무자 기준 폐지와 이후 수많은 투쟁으로 이어졌다.

최옥란의 삶과 죽음을 기억하는 사람들이 모였다. 그녀의 죽음으로부터 19년이 지난 지금도 장애인도 인간답게 살고 싶다는 외침은 계속되고 있다. 장애인도 이동하고 교육받고 일하고 싶다는 소박한 꿈을 갖고 전국의 장애인이 모였다. 하지만 정부는 장애인의 인간다운 삶을 보장하지 못한 책임을 사죄하기보다는 장애인들의 소박한 요구에 대하여 가차 없는 칼날을 들이대고 있다.

부당한 벌금에 대한 불복종의 의미로 장애인 활동가들이 구치소에 자진해서 들어갔다. 노역 투쟁을 통해 전국장애인차별철폐연대의 투쟁이 정당하다는 것을 전국의 시민들이 확인해 주었다. 개인과 개인이 연대할 때, 단체와 단체가 연대할 때, 지역과 지역이 연대할 때 우리의 외침은 메아리가 아니라 함성이 된다는 것을 경험했다.

오늘은 컨디션이 좋지 않아서 몹시 힘든 하루였다. 하지만 든든한 동지들이 있어서 견디어 낼 수 있었다. 장애인 당사자의 투쟁 없이 그냥 주어지는 것은 하나도 없다는 것을 기억하고 있다. 이제 광주시청에 요구할 장애인 정책을 다듬어야겠다.

(2021.03.26)

도가니 사건에 대한 광주농아인협회의 반성에 대하여

도가니 사건이 알려진 지 올해로 16년이 되었다. 광주시에서는 인화학교 부지에 전국 최초로 장애인 수련시설과 장애인권 기념관과 양산동에 청각언어장애인복지관 건립을 추진하고 있다. 그러나 아직도 주된 피해자들은 트라우마에서 벗어나지 못하고 있어서 도가니 사건은 아직 끝나지 않았다. 이에 대한 광주시의 관심과 지원을 촉구한다.

광주농아인협회가 지난 2005년 이후 도가니 피해자들과 인화대책위와 함께하지 못한 것에 대한 반성과 사과의 자리가 있었다. 나는 작년 말 도가니 사건 관련 자료집을 만들면서 광주농아인협회의 공식적인 사과가 필요하다는 의견을 낸 바 있다. 광주지역 농사회가 극심한 분열과 갈등의 이면에는 도가니 사건 이후 인화대책위 참여 여부를 놓고 갈라지고 나서 16년이 지났지만 여전히 골은 깊게 남아있다.

일본의 위안부 문제와 관련된 대응을 보면서 느끼는 것처럼 반성과 사과는 상대방이 그 정도면 되었다고 인정해야 끝이 난다. 그런데 이번 광주농아인협회의 반성과 사과에 대하여 아직도 미흡하다고 생각하는 농인들이 있다. 이것은 피해자들의 아물지 않은 상처와 치열했던 대책위 활동을 몸으로 겪어낸 이들이 체감하는 온도의 차이가 여전히 존재하고 있다는 뜻이다. 특히 2005년 당시 인화학교총동문회장인 김봉진 씨와 몇몇 농인들이 아쉬움을 표명해

왔다. 만약 인화대책위에서 함께 활동했던 강복원, 조점래 씨가 이런 문제를 제기했다면 나는 그 자리에 가지 않았거나 사과의 자리를 연기하라고 강력하게 요구했을 것이다. 하지만 나와 김봉진 씨는 친구이기 때문에 다른 오해를 받기 싫어서 참석했다.

광주농아인협회의 도가니 사건에 대한 반성과 다짐은 끝난 것이 아니라 이제 시작이다. 광주농아인협회는 반성과 사과의 진정성을 스스로 증명해야 한다. 만약 이것마저 일회성 이벤트나 보여주기 위한 쇼로 끝난다면 광주지역 농사회는 더욱 혼란에 빠지게 될 것이다. 나는 도가니 사건을 통해 농인들을 만나면서 장애인권을 배웠다. 농인이 인간답게 사는 것이 음성언어를 배우는 것이 아니라 농인으로서 존중받으며 살아가는 것이라는 것을 알게 되었다. 농문화와 수어에 대한 자부심(pride Deaf)을 가지고 살아가는 농인들을 만나게 되었다.

하지만 청인과 농인의 관계에서 뿐 아니라 농사회 내부에서도 차별이 심하다는 것이 안타까웠다. 무엇보다 농인들 스스로 서로를 존중해야 한다. 농사회의 또 하나의 주체라 할 수 있는 수어통역사들과도 서로 존중하고 상생하는 문화를 만들어야 한다. 장애인수련시설, 청각언어장애인복지관 등 중요한 현안이 산적해 있다. 소수의 이권(利權)이 아니라 농사회 전체의 인권과 공공성을 신장하는 기회가 되기 바란다.

(2021.03.27)

부모님의 시간표는 흘러가고 있다

벚꽃 구경하기에 좋은 날이다. 생각해 보니 부모님과 벚꽃구경을 한 기억이 없다. 내년 봄을 기다리며 후회하지 않기 위해 광주에 사는 동생과 함께 고향집을 찾았다. 집에서 쉬자고 하는 아버지를 설득하여 집을 나섰다. 나는 섬진강 벚꽃을 구경하고 싶었으나 아버지는 고흥으로 가자고 했다. 목적지는 고흥만 방조제다. 효도하는 마음으로 별 기대 없이 고흥으로 들어섰다. 소박하게 벚꽃길이 이어지더니 절정의 아름다움이 기다리고 있었다.

방조제가 시작되는 곳에 노란 유채밭이 펼쳐져 있다. 벚꽃과 유채꽃이 서로 잘 어울린다는 생각이 들었다. 고흥만 방조제를 따라가다 보면 바다 사이를 달리는 듯한 느낌이 든다. 오른쪽은 바다 건너 보성 득량이 보이고, 왼쪽은 거대한 고흥호가 바다처럼 크고 넓게 자리하고 있다.

역시 아버지는 계획이 다 있었구나. 예전에 딸기를 팔러 고흥과 녹동을 오가며 두 분이서 방조제를 다녀가고는 했단다. 벌교로 돌아오는 길에 팔영대교를 거쳐 섬섬백리길을 타고 여수를 찍고 돌아왔다. 짧은 한나절의 여행이었지만 감사하다. 내년에도 벚꽃 나들이를 하자는 약속을 했다.

며칠 전에 CBS 잘잘법 영상을 보았다. 부모님이 나이가 들면 자신의 시간표가 아니라 부모의 시간표에 맞추어야 한다는 이야기였다. 자신의 시간표대로 살다 보면 부모님은 기다려주지 않기 때문에 나중에 후회만 남을 것이란 생각이 들었다. 지금 기회가 있을 때 부모님의 시간표에 맞추어 할 수 있는 것을 하기로 했다. 벌써 아버지는 86세, 어머니는 81세다. 지금도 부모님의 시간표는 흘러가고 있다.

(2021.03.28)

2부

선물같은 시간을 보내고 있다

남구에 세월호 추모 조형물이 세워지다

2014년 4월 16일, 세월호 참사로 304명이 희생되었다. 하나의 사건이 아니라 304개의 참사가 발생한 것이다. 도저히 지울 수 없는 화인(火印)을 남겼지만 7년의 시간은 무심하게 흘러갔다. 세월호 참사 7주기를 앞두고 메리골드 화분 헌화로 추모행사를 시작하였다. 그동안 세월호 참사를 기억하고 유가족과 연대하기 위하여 남구푸른길 촛불모임은 2014년 7월에 시작하여 7년 동안 푸른길 광장을 지켜왔다.

오늘 행사는 백운고가도로가 철거되고 백운로터리 주변에 복합상가가 건축되고 있는 도심에서 열렸다. 푸른길과 인접한 곳에 세월호 추모 조형물이 건립되었다. 2019년 남구푸른길 촛불모임에서 세월호 추모 조형물 건립을 제안한 이래 우여곡절이 있었지만 남구의 한복판에 추모 조형물이 세워진 것이다.

이경희 작가는 '고래의 꿈'이라는 작품을 통해 세월호 희생자들이 고래로 승화되고, 고래가 나비로 승화되는 이야기를 담았다. 나비는 돌 틈 사이에 핀 개나리 꽃처럼 피고 그 꽃들은 나비로 승화되어 푸른 하늘을 자유롭게 날아다니는 기원이 담겨있다.

행사가 진행되는 중에 광주MBC 〈오매 전라도〉 생방송 인터뷰를 했다. 작년 골목길음악회 때 인터뷰를 한 적이 있는 리포터였다. 반갑다는 인사도 못하고 어정쩡하게 진행되었다. 광장을 둘러보며 이곳에 '기억의 나무'를 가꾸고 세월호 희생자의 생일에 노란 리본을 달았으면 좋겠다는 생각을 했다.

세월호 참사 7주기를 보내는 마음이 착잡하다. 팽목항에 추진하는 추모공간은 여전히 한 걸음도 나아가지 못하고 있다. 성경의 제7년은 안식년이다. 하지만 세월호 참사의 진실규명은 아직 제자리 걸음만 하고 있다. 달라진 것이 없지는 않다. 적어도 사람의 생명이 존중받는 사회를 만들어야 한다는 다짐은 희미해지지 않았다. "다시 촛불! 다시 세월호!"

(2021.04.15)

故 김억수 장로님을 추모하며

척령교회 김억수 장로님이 별세하셨다. 부모님과 더불어 나의 신앙적인 토대를 세워주신 분이다. 고향 모교회에서 다녔던 주일학교 시절, 장로님은 우리에게 조용필과 같은 존재였다. 설교도 감동적이고, 노래도 잘 가르치고, 풍금 치는 솜씨도 일품이었다.

김억수 장로님 집과 우리 집은 대문을 마주한 이웃이었다. 동네에서 유일하게 집을 빙 둘러싸고 길이 있었기에 아이들은 매일 장로님 댁 주위에서 놀았다. 장로님은 척령교회 기네스 기록의 소유자이다. 60년 동안 주일학교 교사, 성가대 지휘자, 찬양 인도자로 봉사하였다. 주일학교 때 들었던 장로님의 슬기로운 다섯 처녀와 미련한 다섯 처녀에 대한 설교의 느낌과 분위기는 50년이 지난 지금도 생생하다.

장로님은 척령교회의 든든한 기둥이요 우리들의 자랑이었다. 하나님께서 내게 주신 소중한 선물이다. 덕분에 나는 어린 시절부터 세상에서 가장 귀한 것을 갖고 누리며 살 수 있었다. 신앙은 나에게서 나온 것이 아니라 유산으로 물려받는다. 부모와 선배들로부터 전수받는 것이다. 어린 시절 믿음 생활의 경험과 감각은 화인처럼 결코 지워지지 않는다.

김억수 장로님은 오래전부터 교회의 모든 예배와 행사를 기록하는 일을 해왔다. 언젠가 댁에 갔을 때 집안 가득 기록물이 전시되어 있었다.

장로님이 남긴 기록물로 척령교회 역사관을 만들었으면 좋겠다. 모든 자료들은 유일무이한 가치가 있는 것들이다.

"내가 확신하노니 사망이나 생명이나 천사들이나 권세자들이나 현재 일이나 장래 일이나 능력이나 높음이나 깊음이나 다른 어떤 피조물이라도 우리를 우리 주 그리스도 예수 안에 있는 하나님의 사랑에서 끊을 수 없으리라." (로마서 8:38,39)

죽음도 하나님의 사랑을 끊을 수 없다. 김억수 장로님의 삶과 신앙은 '살아있는 사자(死者)'로 늘 우리 곁에 계실 것이다.

(2021.04.19)

되돌이표를 마침표로!

다시 봄이 왔고, 4월 20일이 되었다. 코로나19로 인해 일상은 무너져 내렸지만 삶을 포기할 수 없기에 투쟁을 선택했다. 광주장애인차별철폐연대는 다시 광주시청 앞에서 '투쟁 없는 삶으로 돌아가지 않겠다!' 기자회견을 했다.

오늘은 40번째 맞는 장애인의 날이다. 더도 말고 덜도 말고 오늘만 같아라는 장애인을 위한 잔치를 거부하고 장애인이 시민으로 살아갈 수 있는 기본적인 권리가 보장되기 원한다. 광주장차연은 장애인의 날이 아닌 장애인차별철폐의 날로 선포하고 장애인의 인간다운 삶을 위한 정책을 제안해 왔다.

2001년 광주장애인이동권연대가 만들어지고, 2004년부터 4.20을 통해 광주지역 장애인정책 요구안을 광주시청에 전달하였다. 2004년 광주시에 요구했던 장애인정책은 소박하다.

1. 광주광역시는 저상 시내버스를 전면 도입하라.
2. 광주광역시는 장애인용 콜택시를 전면 도입하라.
3. 광주광역시는 장애인 자립생활을 위한 자립생활센터 지원과 활동보조인 제도 즉각 도입하라.

2021년 정책요구안은 다섯 가지다.

1. 교통약자 이동권 보장을 위해 책임을 다하십시오.
2. 탈시설 · 자립생활 지원을 위해 책임을 다하십시오!
3. 장애인 활동지원서비스 권리 보장을 위해 책임을 다하십시오.
4. 최중증 뇌병변장애인 지원방안 마련을 위해 책임을 다하십시

오.

5. 장애인 생명권 보장을 위한 구체적인 감염병 대응 방안 마련을 위해 책임을 다하십시오.

문제는 17년이 지나는 동안 달라진 것이 없다는 것이다. 그래서 올해에는 "되돌이표를 마침표로!"라는 슬로건을 내세웠다. 해마다 되풀이되는 기자회견을 통한 정책요구와 행정의 약속은 반복되지만 장애인의 삶을 여전히 제자리다. 이제는 마침표를 찍어야 한다.

이번 4.20 피켓에는 음악 기호를 활용한 기발한 구호들이 등장했다.

- 우리가 원하는 삶은 애드리브(자유롭게)
- 우리가 외치는 구호는 칸타빌레(노래하듯)
- 우리의 활동은 콘 브리오(활기차게)
- 탈시설-자립지원 계획 추진은 프레스토(아주 빠르게)
- 탈시설-지원 정책 추진 포르티시모!(아주 강하게)
- 탈시설-지원 정책 추진 포르티시시모!!(포르티시모보다 엄청 강하게)

광주시는 광주장차연의 정책요구에 대하여 신속하게 응답하기 바란다. 박향 국장의 약속대로 구체적인 협의는 장애인복지과와 교통 관련 과와 협의해 나갈 것이다. 광주장차연도 이번 4.20을 거치며 전열을 정비하고 있다. 배영준 동지를 비롯한 후배 활동가들을 보면 새로운 힘이 솟는다. 다시는 "투쟁 없는 삶으로 돌아가지 않겠다"는 것은 광주장차연의 고백이자 약속이다. 투쟁!!

(2021.04.20)

여전히 우리는 팽목항엘 간다

세월호 참사 2565일, 7년의 시간이 흘렀다. 그 하루하루는 달력을 넘기는 시간이 아니라 맹골수도에 침몰한 진실을 애타게 찾아가는 시간이었다. 하지만 짙은 어둠은 걷히지 않았고, 진실도 인양하지 못했다.

성경의 제7년은 안식년이다. 하지만 유가족들과 세월호의 진실을 바라는 사람들에게 진상규명 없이 안식은 없다. 가슴에 찍힌 시뻘건 화인(火印)은 아물지 않은 상처로 남아있다. 그래서 우리의 마음은 여전히 팽목항에 머물러 있다.

실로암사람들이 다시 팽목항을 찾았다. 3년 만에 조재형 감독도 함께한 의미 있는 자리였다. 한 달에 한 번씩 예순여섯 번째 팽목순례의 길잡이를 하는 광주시민상주모임이 있어 든든하고 감사하다. 유채꽃밭을 지나 팽목항을 향하는 기억순례길을 걸으며 기억을 되새겼다. 그 기억의 끝자락은 언제나 팽목항에 닿는다.

함께 길을 걸으며 우리는 확인했다. 여럿이 함께 다녀야 길이 만들어지고, 길이 있어야 뒤를 따라오는 사람이 생긴다. 나의 생각 뿐 아니라 호흡과 숨결로, 발바닥과 몸으로 팽목의 기억을 각인시켰다. 세상의 모든 아이들이 꿈을 꾸기를, 별이 된 304명을 잊지 않기를, 세월호의 진실이 밝혀지기를 기도하며 걸었다.

팽목항은 세월호의 진실을 향한 첫 단추다. 7년이 지나는 동안 한걸음도 떼지 못하고 제자리걸음만 하고 있다. 진도항(팽목항)을 개발하면서 아무리 세월호의 기억을 지우려 해도 불가능하다. 팽목항이 사회적 참사의 아픔을 간직하게 된 것은 우리 시대의 역사요 운명이다.

이제는 기억과의 싸움이다. 기억하기 위하여 기록하고, 과거에 대한 기억은 미래를 향한다. 팽목항에 세월호 참사 기억공간이 세워져야 한다. 소박한 기림비, 표지석, 기억공원, 팽목기록관이 만들어져 사회적 참사에 대한 기억과 생명존중 사회를 향한 디딤돌이 되기를 바란다. 그래서 여전히 우리는 팽목항엘 간다.

(2021.04.24)

꿈같은 봄날에 그녀가 꾸는 꿈이 궁금하다

실로암센터 앞 작은 꽃밭에 작약꽃 세 송이가 피어올랐다. 작년 여름 죽은 줄 알았던 작약이 올봄 새순이 돋았을 때부터 이 순간을 기다려왔다. 작년 봄 故 이육남 회원의 산소에 피어난 작약을 몇 줄기 가져온 것이어서 내게는 친구를 보는 것 마냥 반갑고 고맙다.

작약꽃과 더불어 기쁜 소식이 들려왔다. 문경희 씨가 5월부터 24시간 활동지원서비스를 받게 되었단다. 살면서 이런 감동적인 순간이 얼마나 될까 생각하며 한참 동안 눈물을 흘렸다. 그녀는 오늘 밤 잠을 이루지 못하며 좋아할 것이다. 아니 며칠은 뜬 눈으로 지내도 거뜬할 것이다.

문경희 씨는 올해 만 65세로 뇌병변 장애인이다. 초등학교 2학년 때 뇌수막염으로 장애를 갖게 되면서 학교를 다닐 수 없었다. 늘 집에서만 살다가 29살에 광주에 있는 장애인 생활시설에 입소하여 23년을 살았다.

시설에 살면서 장애인야학을 통해 초·중·고 검정고시 과정을 3년 만에 마쳤다. 2008년에 생활시설에서 퇴소하여 장애인 공동생활가정에서 생활하였다.

2010년에 드디어 공공임대 아파트에 입주하여 자립생활을 시작하였다.

하지만 부양의무제로 인하여 수급자가 되지 못해 경제적으로 극심한 어려움 속에서 살았다. 그녀는 탈시설의 조건으로 가족들에게 손 벌리지 않겠다는 약속을 해야 했다. 다행히 부양의무자 기준이 완화되면서 2016년에 수급자가 되었고, 다른 사람들을 돕기도 했다. 좀 더 좋은 주거환경에 살기 위해 광주역 행복주택을 신청하여 선정되었다. 계약금 2천만 원을 준비해 두었으나 갑작스러운 건강 악화로 2019년 6월, 병원에 입원하게 되었다. 연하곤란 및 심장질환 치료가 장기화되면서 행복주택 입주를 포기해야만 했다. 14개월 동안 병원을 전전하며 치료를 이어갔으나 별 진전이 없었다. 그동안 아파트 계약금과 모아두었던 돈은 한 달에 400만 원이 넘는 간병비로 사용해야 했다. 병원이나 주위의 사람들은 요양병원으로 옮겨야 한다고 했다. 그녀의 안타까운 소식을 듣고 주위에서 후원 모금을 통해 서너 달을 더 버텼으나 몸 상태는 호전되지 않았다.

2020년 8월, 죽어도 집에서 죽겠다는 각오로 집으로 퇴원했다. 1년 전 병원에 입원할 때는 없었던 비위관(콧줄)을 달고, 24시간 석션에 필요한 의료 기구를 가지고 왔다. 집에 오니 심리적으로는 안정이 되어갔으나 447시간의 활동지원서비스로는 생존이 불가능했다. 오방장애인자립생활센터에서 추가로 시간을 지원했지만 늘 불안했다.

이후 광주장애인종합지원센터에서 223시간을 지원해 주어 급한 불은 껐으나 저녁 9시부터 새벽 1시까지 4시간 동안은 혼자서 지내야 했다. 퇴근하는 활동지원사의 뒷모습을 보며 내일 아침을 맞이할 수 있기를 기도했다. 혼자 있는 동안 석션을 받지 못해 기도가 막힌다면 그것은 죽음을 의미하기 때문이다. 2021년 4월 20일, 장애인의 날을 앞두고 국가인권위원회에 긴급구제 신청을 하기로 마음먹었다.

그녀는 7개월이 지나면 만 65세가 되어 노인장기요양서비스로 바뀌게 되면 하루 3-4시간의 서비스로 축소된다. 생각만 해도 악몽이다. 죽음을 기다리는 사형수가 된 것 같았다. 뭐라도 해야 한다는 생각으로 광주시 장애인권익옹호기관과 상담을 했다. 지푸라기라도 잡는 심정으로 광주시 장애인복지과에도 알렸다. 하지만 현실은 별 기대를 하기 어려운 상황이었다.

간절한 염원이 통했는지 4월 말 북구청으로부터 5월부터 24시간 지원을 하겠다는 연락을 받았다. 소식을 전해 들은 그녀는 오른발로 감사하다는 글을 몇 번이나 썼다. 사람의 생명과 존엄의 가치를 행정의 중심에 둘 때 어떤 변화가 일어나는지 실감하였다. 사람 중심의 따뜻한 복지 광주를 위해 애쓰시는 이용섭 시장님과 장애인복지과 직원들께 감사한다.

드라마 '나의 아저씨' 중 지안(아이유)의 대사가 문경희 씨의 얼굴과 함께 떠오른다. "무시, 천대에 익숙해져서 사람들한테 별로 기대하지도 않았고 인정받으려고, 좋은 소리 들으려고 애쓰지도 않았습니다. 근데 이젠 잘하고 싶어졌습니다."

날마다 삶과 죽음의 경계를 넘나들며 살아야 했던 그녀의 삶에 빛고을의 따뜻한 빛이 비쳤다. 꿈같은 봄날에 그녀가 꾸는 꿈은 무엇일까 궁금해진다.

(2021.04.27)

하나님은 모든 때를 아름답게 만드셨다

빰을 스치는 바람이 기분 좋다. 3월 초 앙상한 나뭇가지 위에 걸려있던 새집(bird house)은 이제 나뭇잎에 가리어져 보이지 않는다. 수선화와 목련과 라일락이 지나간 자리에 함박꽃이 찾아왔다. 꽃잎이 떨어지고 나면 기다림이 남는다. 실로암센터 작은 꽃밭에 작약꽃 세 송이가 피었다. 빨간 몽우리가 맺힐 때부터 수줍은 듯 화려한 자태가 영락없이 그녀를 닮았다. 고 이육남 회원 무덤가에서 가져온 꽃이기에 반갑고 반갑다.

벌써 3주기다.

오늘도 산책길을 걸었다. 무엇보다 자연의 작은 변화를 느낄 수 있어서 좋다. 바람에 살랑대는 이파리는 지난 겨울과 다가올 여름을 떠올리게 한다. 가로등 아래 눈부신 연초록의 빛깔, 이름 모를 새소리, 달과 별의 움직임이 눈에 들어온다.

"하나님이 모든 것을 지으시되 때를 따라 아름답게 하셨다."(전도서 3:11)

자연은 그대로가 좋다. 더하거나 빼지 않아도 그냥 있는 그대로가 자연스럽다. 하나님의 손길이 닿아있기 때문이다. "당신께서 입김을 불어넣으시면 다시 소생하고 땅의 모습은 새로워집니다."(시편 104:30)

(2021.04.28)

도가니 영화를 다시 보다

도가니 영화를 다시 보았다. 2011년 9월에 영화를 개봉했으니 10년 만이다. 시사회 때 처음 보았던 영화는 개봉하자마자 도가니 열풍을 몰고 왔다. 덕분에 인화학교 사건 해결의 분수령이 되었고, 도가니법 개정으로 이어졌다. 많은 시간이 흘렀어도 긴장감은 여전하다. 영화 속 연두, 유리, 민수. 세 아이의 이름 속에 담긴 여러 얼굴들이 겹쳐져 흐른다. 여전히 트라우마를 벗어나지 못한 이들에 이르자 심한 통증이 느껴진다.

2005년 시작된 인화학교성폭력대책위 활동을 되돌아본다.

"입 닫고 귀 닫고 네 할 일만 하면 된다"라고 생각하는 세태 속에서 아이들의 손을 잡아준 수많은 공유와 정유미들이 있었다. "이 일에 뛰어든 것 후회해요?"라고 묻는 영화 속 서유진(정유미 분)에게 대답한다. 부끄럽지 않은 어른으로 살았던 내 생애 최고의 순간이었다.

소설가 공지영의 말에 공감한다. "우리가 싸우는 이유는 세상을 바꾸기 위해서가 아니라, 세상이 우리를 바꾸지 못하게 하기 위해서다." 뜨겁게 타올랐던 연대의 손길은 결국 나 자신을 세우는 일이었다. 공지영이 섬진강 변에서 살아가며 펴 올린 '그럼에도 불구하고'를 그녀의 목소리로 듣고 있다. 언젠가 섬진강 변에서 만날 날이 있겠지.

(2021.05.08)

지방공휴일은 5·18정신을 기리는 날이다

5·18이 지방공휴일로 지정되었다. 2020년 광주광역시 5·18민주화운동 기념일 지방공휴일 지정 조례가 제정되면서부터다. 지방공휴일이란 지방자치단체의 관공서가 특별히 휴무(休務)하는 날을 말한다. 광주광역시장은 매년 5월 18일을 지방공휴일로 지정할 수 있다. 광주시는 2021년 5월 18일을 지방공휴일로 지정했다. 5·18 지방공휴일은 단순히 휴일로 쉬는 날이 아니라 일상의 업무를 잠시 멈추고 가족이나 지인들과 함께 5·18민주화운동의 숭고한 정신을 기리는 날이다. 작년부터 지방공휴일로 지정되었지만 공공부문에만 그치고 있는 실정이다. 아직 민간부문까지 확산되지 않고 있다. 사회복지 분야에도 5·18지방공휴일 휴업 휴무에 동참해주기를 권고하는 공문을 받았다.

물론 단서가 붙어있었다. 장애인복지시설(장애인복지관, 장애인주간보호시설, 장애인직업재활시설, 장애인일자리 등)은 긴급 돌봄이 필요한 취약계층 등에 돌봄서비스 제공이 유지될 수 있도록 조치해야 한다.

실로암사람들은 지방공휴일 휴무에 동참하기로 했다. 다만 긴급 돌봄서비스 제공에 대한 판단은 각 기관에서 판단하도록 했다. 5월 18일 당일에 쉬지 못한 직원은 6월 말까지 대체휴무를 사용할 수 있다. 실로암사람들은 올해에도 5·18 국립묘지 참배를 계획하고 있다. 지방공휴일을 통해 5·18정신을 기리는 본연의 의미를 잘 살려나가기 바란다.

(2021.05.10)

타는 목마름으로 살아가리

5·18 민주항쟁일이다. 41년 전 광주(당시 행정구역은 전라남도)에서 일어난 일들을 회상하며 민주주의의 밀알이 된 사람들을 추모했다. 오늘은 전국장애인차별철폐연대(전장연)에서 주최하는 기자회견이 5·18민주광장(옛 전남도청 앞)에서 열렸다. 5·18 민주항쟁 41년, 장애인들의 민주주의를 요구하는 자리였다.

나는 5월 12일 오후부터 코로나19 확진자와 밀접 접촉자로 분류되어 자가격리 중이다. 오늘 전장연 기자회견은 유튜브 생중계를 통해서 지켜보아야 했다.

베란다 창가에 서서 멀리 금남로를 향하여 있노라니 문득 41년 전 1980년 5월이 떠올랐다. 당시 나는 고등학교 2학년 학생이었다. 광주에서 학교를 다녔지만 주말에 고향인 벌교에 내려가 있었다. 일요일인 5월 18일 오후에 광주에 올라가려 했으나 광주는 이미 봉쇄되었다. 한 달간을 고향에서 보내다 올라온 광주는 처참했다. 같은 반 친구 중에는 총을 맞았으나 생명에는 지장이 없었다.

삶의 갈림길에서 다양한 선택을 하게 된다. 때로는 자신의 의지와 상관없이 내몰리게 되는 경우도 있다. 41년 전 그날처럼 오늘도 나는 금남로에 가지 못했다. 5월 광주는 내게 일생의 부채를 안겨주었다. 그래서 60을 바라보는 지금도 투쟁의 현장을 기웃거리고 있는 것이다. “앞서서 나가니 산 자여 따르라. 타는 목마름으로...”

(2021.05.18)

선물같은 시간을 보내고 있다

한순간에 모든 것이 멈춰 섰다. 시간은 더 많이 주어졌지만 고장난 차처럼 꼼짝도 못하고 있다. 5월 12일 오전, 실로암센터 근무자 중 코로나 확진자가 나왔다는 연락을 받았다. 곧바로 남구선별진료소에서 코로나19 검사를 받았다. 검사한 지 8시간 만에 실로암센터 직원과 방문자 전원이 음성판정을 받았다. 5월 25일 낮 12:00까지 자가격리 하라는 공식적인 통보가 왔다. 자가격리 안전호보 앱을 설치하고, 코로나관련 소독물품과 비상식량도 수령했다. 지난 일주일간의 자가격리를 돌아본다. 처음에는 갑자기 닥친 변화로 인해 멘붕이 왔다. 다음날부터 방(서재) 청소를 하고, 밤 늦게까지 영화도 보고, 시집을 읽으며 날을 새기도 했다.

자가격리로 인해 힘든 것은 집안에만 머물러야 하기에 답답하고, 운동을 할 수 없기에 확찐자가 되지 않을까 걱정이 된다. 주로 집안에서 지내는 회원들의 얼굴을 떠올리며 건강과 평안을 빌었다. 자가격리는 선물처럼 주어진 시간이다. 나는 실로암사람들에서 일해온 30년 동안 연차를 5일 이상 써 본 적이 없다. 앞으로 일주일의 시간이 더 남아있다.

특별한 계획을 세우기 보다는 지금처럼 몸과 마음이 가는대로 지낼 생각이다. 내일은 줌강의가 있어서 면도도 해야겠다. 내가 노력해서 주어진 시간이 아니니 선물같은 시간을 감사한 마음으로 맞이해야겠다.

(2021.05.19)

고향집 고구마가 맛있는 이유

자가격리 중에 있다 보니 먹는 것이 문제다. 삼시 세끼 다 챙겨 먹게 되고 반면에 운동은 거의 제로이다 보니 확찐자가 될 판이다. 식욕은 여전해서 날마다 고구마를 간식으로 먹는다. 어린 시절부터 고구마를 참 많이 먹었다. 어느 때는 간식인지 주식인지 모를 정도였다. 보통은 삶아서 먹지만 생으로 먹거나 구워서 먹기도 하고, 쪄서 말린 빼깽이(말랭이)는 별미였다. 그 시절 안방 윗목에는 내 키보다 더 큰 고구마 뒤주가 자리하고 있었다.

여전히 고구마는 질리지 않고 즐겨 먹는다. 요즘에는 오븐에 구워 먹는 것이 제법 맛있다. 고구마는 종자에 따라 맛이 다른데 고향집에서 가져온 고구마가 제일 맛있다. 어머니가 해준 김장은 어렸을 때부터 길들여진 입맛 때문이라지만 어머니가 가꾼 고구마가 맛있다니 무슨 까닭일까?

몇 년 전 우리 집 논 위로 목포-광양 고속도로가 생겼다. 어머니는 고속도로 밑 교각주위에 돌을 걷어내고 텃밭을 일궈 고구마를 심고는 늘 올해만 하고 못하겠다고 하신다. 고구마는 원래 황토나 바실바실한 땅에서 잘 자란다. 하지만 고구마의 맛은 돌밭과 같은 척박한 환경에서 자란 것들이 더 맛있다.

만사 만물의 이치가 같다. 사람의 삶도 고난이 없기를 바라지만 고난이 없다면 그는 싱거운 삶을 살 것이다. 누군가 의미 있는 성취를 이뤘다면 반드시 고난의 골짜기를 지내왔을 것이다. 다 좋기만 한 것도 없고, 다 나쁘기만 한 것도 없다. 그래서 인생이 살만한 것 아닌가.

(2021.05.21)

고 김재순 씨의 죽음을 기억하자

5월 18일 금남로에서 열린 전국장애인차별철폐연대 집회에 고 김재순 씨의 아버지가 오셨다. 가슴이 덜컹했다. 1년이 지난 지금도 문제가 해결되지 않았는데 벌써 잊고 있었다. 아버지 김선양 씨는 중대재해처벌법 제정을 위한 단식 농성, 광주지법 앞 1인 시위 등 노동자의 아픔이 있는 곳에 늘 함께하고 계셨다.

고 김재순 씨는 1994년생으로 지적장애인이다. 고등학교를 졸업하고 2018년 하남공단의 폐기물 처리업체인 조선우드에 취업했다. 2020년 5월 22일, 2인 1조로 해야 하는 작업을 혼자서 일하다 폐기물 파쇄기에 빨려 들어가 사망했다. 26살 청춘이 허망하게 시들었다.

작년에 조정진의 책 『임계장 이야기』가 회자된 적이 있다. 임계장은 '임시 계약직 노인장'을 의미하는데 내 눈에는 '임시 계약직 장애인'으로 읽혔다. 장애인에게는 최후의 고용, 최초의 해고가 공공연하게 자행되고 있다. 2020년 장애인 실태조사에 따르면 장애인 실업률은 5.9%(전체인구 4.5%), 장애인 고용률은 34.9%(전체인구 60.2%)로 심각하다 못해 참담하다.

오늘이 바로 고 김재순 씨 1주기다. 끝없이 일터에서 죽음의 행렬이 계속되고 있지만 우리 사회는 얼마나 변했을까? 올해 초 중대재해처벌법이 제정되었지만 5인 미만 사업장에는 적용되지 않는다. 또한 50인 미만 사업장은 2024년까지 3년간 법적용이 유예되었다. 1990년 장애인고용촉진법이 제정된 지 30년이 지났지만 달라진 것은 별로 없다. 장애인 노동자의 77.8%가 50인 미만 사업장에서 일하는 현실을 감안하면 중대재해처벌법은 반드시 개정해야 한다. 장애인 최저임금 적용 제외 조항인 최저임금법 제7조도 개정해야 한다. 아울러 권리 중심 공공일자리를 제도화하고, 장애인이 안전하게 일할 권리를 보장하는 날이 오기 바란다.

(2021.05.22)

붉은 장미꽃 투쟁을 생각하며

5월의 장미가 보고 싶다. 자가격리하는 공간에서 아무리 둘러봐도 장미가 보이지 않는다. 이맘때 지천이던 장미가 간절하기는 처음이다. 자가격리가 해제되면 가장 먼저 장미를 볼 것이다.

4년 전, 2017년 5월 22일 보았던 장미의 기억이 새롭다. 광주지역 1,000여 명의 사회복지사가 장미꽃을 들었다. 1908년 미국 여성들이 "우리에게 빵과 장미를 달라!"라고 외쳤던 것을 광주의 사회복지사들이 똑같이 외쳤던 것이다. 당시 윤장현 광주시장은 '붉은 장미꽃 투쟁'이라 답했다. 이후 광주시는 '사회복지 종사자 처우개선 3개년 계획(2018-2020)'을 세웠다. 그동안 가장 열악했던 여성가족부 소관 시설 종사자에 대하여 복지부 인건비 가이드라인의 90%까지 처우개선 계획이 포함되었다.

나는 장미 기자회견으로 인해 집시법 위반 혐의로 기소유예 처분을 받았다. 장미꽃 투쟁 후 4년의 시간이 흘렀다. 광주시는 아직까지 '제2기 사회복지 종사자 처우개선 3개년 계획(2021-2023)'을 발표하지 않았다. 2021년 봄은 사회복지사 처우와 관련하여 중요한 변곡점이 될 것이다. 제2기 3개년에는 반드시 '동일노동, 동일임금, 단일임금 체계'를 완성해야 한다.

오늘이 장미 기자회견 4주년이다. 광주시의 미온적인 태도도 문제이지만 4년 전과 비교하여 현장에서 너무나 조용하다는 것이 안타깝다. 분명한 것은 아무것도 안 하면 아무 일도 일어나지 않는다는 것이다.

(2021.05.22)

다윗과 요나단 그리고 골리앗

자가격리에 들어간 지 벌써 13일이 되었다. 이제 집안에서 혼자서도 재미있게 지내는 방법을 터득한 듯하다. 처음에는 넷플릭스로 영화나 드라마를 정주행하며 보았다. 방안에만 있는 답답함은 여행 프로그램을 보면서 대리만족을 하고 있다. 또한 시간에 구애받지 않고 책을 읽거나 유튜브 방송을 보기도 한다. 특히 다윗과 요나단의 다시 부르기 영상은 타임머신이 되어 30여 년 전으로 데려다주었다. '친구의 고백', '요한의 아들 시몬아' 등이 들어있는 1987년에 발표한 다윗과 요나단의 음반은 당시에 획기적인 사건이었다. 교회 모임 때마다 기타를 치며 수없이 불렀다.

1987년 신학을 공부하면서 박한석이란 친구를 만났다. 개강 첫날 30분 지각하는 바람에 비어있는 자리를 찾아가 앉았는데 옆자리에 앉은 친구가 그였다. 탁구도 잘 치고 글씨도 잘 쓰고 노래도 잘하는 다재다능한 친구였다. 나랑은 나이도 같고 생각도 잘 통해서 기숙사 생활을 하며 동고동락했다. 둘이서 『평화의 노래』라는 복음성가집을 만들었다. 당시에 복음성가집에 대한 인기가 있어서 증보판을 만들기도 했다. 함께 찬양을 즐겨 했는데 학우들이 '다윗과 골리앗'이라는 별칭을 붙여주었다. 당연히 내가 다윗이고 그 친구의 덩치가 컸기에 골리앗이 되었다.

전주에 살고 있는 친구의 얼굴을 본 지도 오래되었다. 친구가 있었기에 낯선 서울 생활도 기쁘게 지낼 수 있었다. 벌써 34년... 올봄이 가기 전에 꼭 친구와 함께 찬양하고 싶다. "아름다웠던 지난 추억들 사랑했었던 많은 친구들 멀고도 험한 고난의 길을 나 이제 말없이 주님을 위하여 떠나야지." 내년이면 60이 되는 친구의 건강과 평안을 빈다.

(2021.05.23)

나를 위한 온쉼표였다

음악 기호 중 쉼표가 있다. 쉼표는 표시된 길이만큼 음을 내지 않고 쉬어주라는 기호다. 거꾸로 된 모자 모양으로 생긴 온쉼표(whole rest)는 한마디 전체를 쉬어 주라는 뜻이다.

14일간의 자가격리는 내게 온쉼표와 같은 시간이었다. 갑자기 셧다운이 된 것처럼 처음에는 막막했다. 활동지원서비스 기자회견(14일), 국가인권위원장 간담회(17일), 전장연 집회(18일), 처우개선 간담회(21일), 종합지원센터 간담회(21일) 등 중요한 일정이 줄줄이 기다리고 있었다. 오랫동안 준비해온 일정도 있었고, 의미 있는 역할을 해야 하는 경우도 있었다. 하지만 모든 것을 내려놓으니 마음이 편해졌다. 뭐라도 해야 할 것 같아서 청소를 시작했다. 그동안 바쁘다거나 별 불편하지 않다는 핑계로 미뤄두었던 것들을 정리했다. 버려야 할 것들이 많았다. 옷과 책도 짐이고 욕심이라는 생각이 들어서 책장 하나를 거의 비웠다. 청소를 하다가 까마득히 잊고 있었던 물건을 발굴(?)해 서재 문틀에 철봉처럼 달았다. 오가며 녀석을 볼 때마다 흐뭇하다.

어르신들이 명절이나 집에 귀한 손님이 오실 때는 마당을 쓸고 집안 청소를 했던 이유를 알 것 같다. 청소를 하고나니 나 자신이 귀한 대접을 받는 것 같아 기분이 좋다. 하루에도 여러 번 서재 안쪽 베란다 창틀에서 바깥세상을 구경하며 심호흡을 해왔다. 청소를 하지 않았다면 보지 못했을 새로운 세상이 열렸다.

온쉼표는 전체를 통으로 쉬라는 것이다. 14일은 30년 동안 쉼 없이 달려온 내가 받은 최고의 선물이었다. 늦은 시간까지 영화보기, 책 읽기, 빗소리 들으며 멍 때리기, 아침에 늦잠자기. 살면서 가끔 생각만 해오던 것들을 누려봤다.

오늘로 쉼표는 끝났다. 방 안에서 간절히 기다리며 적어둔 버킷리스트에 도전할 것이다. 무엇보다 그리웠던 것은 실로암사람들의 환한 미소였다. 이제부터 심호흡을 하며 안단테 안단테...

(2021.05.25)

정의를 강물처럼 흐르게 하여라

올해로 5·18민중항쟁 41주년이다. 오월 광주는 5월 18일부터 27일까지 열흘간의 항쟁을 통해 민주주의의 밀알이 되었다. 그동안 자가격리로 인해 27일에야 5·18 국립묘지를 갔다. 고 김요한 집사님 묘지를 찾았다.

5·18 부상자로 장애인이 되었고, 극심한 고통 가운데서도 환한 미소를 잃지 않았던 분이셨다. 실로암중창단으로 사역할 때의 모습이 그립고 그립다. 딸 진영 양의 안부가 궁금해서 정미선 집사님께 전화를 드렸다.

태평양을 건너 들려오는 활기찬 목소리는 여전하다. 진영이는 10년 전 미국에서 결혼하여 두 아이의 엄마가 되었다고 한다. 언젠가 조우할 날이 있을거라 생각하며 평안을 빈다.

2묘역에는 고 강신석 목사님의 묘지가 있다. 지난 2월 8일, 민주사회장으로 장례를 치르고 이 곳에 안장되었다. 강 목사님은 앞이 보이지 않을 때에 한걸음 내딛을 수 있는 용기와 지혜를 주신 분이다. 실로암사람들은 아버지와 같은 분을 보내고 슬픔의 시간을 보냈다. 강 목사님의 삶과 정신은 '진실하라. 온유하라. 두려워 말라.'는 말속에 잘 나타난다.

실로암사람들은 소망한다. 하나님 앞에서 진실하고, 연약한 이들에게 온유하며, 불의한 권력자를 두려워하지 않기를. 목사님의 정신을 따라 한 걸음씩 나아가기를.

1묘역이 봉분 방식이라면 2묘역은 평장 방식이다. "내가 정의를 보리라. 내가 기어이 정의를 보리라. 내가 너희들에게서 정의가 실현되는 것을 기어코 보리라. 내가 끝끝내 정의를 보고야 말리라."
강 목사님의 묘비에 기록된 것처럼 정의가 강물처럼 흐르는 날이 올 것이다.(아모스 5:24)

(2021.05.27)

어머니의 일상을 들여다 보다

어머니가 아프다. 팔순이 넘는 노인이 아프다는 것은 특별할 것도 없지만 병원에 입원하는 횟수가 잦아졌다. 작년 여름 눈 치료를 위해 입원하고 1년 만이다. 어쩌면 어머니의 입원은 당연한 결과였다. 작년 입원 치료 이후 건강에 신경쓰는 듯했으나 농사일이 바빠지면서 무리를 해왔다.

대흥떡의 일상 속으로 들어가 보자. 몸이 아파 드러눕기 전에는 새벽기도회에 빠지는 일이 없다. 교회에 다녀온 후에 딸기잼을 한 솥 만든다. 보통은 2시간이 걸리는데 장작 때고, 쉼 없이 큰 나무주걱으로 저어주고, 거품을 걷어내는 중노동이다. 가끔 아침을 먹기 전에 두 솥을 하기도 한다. 차라리 노인 일자리는 즐겁다. 여러 사람들을 만나서 이야기도 나누고 국화 재배하는 일은 식은 죽 먹기다. 코로나19 상황에 따라 일정이 조정되지만 일주일에 3시간씩 3번을 가는데 오전반, 오후반을 번갈아 간다. 오후반인 경우 오전에는 주로 집안일을 한다. 텃밭도 가꾸고 논과 밭농사도 자잘한 일이 끝이 없다. 큰일은 주로 아버지가 하는데 단번에 안되면 어머니의 잔소리가 이어진다. 오전반 일을 마치는 날에는 점심을 먹는 둥 마는 둥 한나절 온상(비닐하우스) 일을 간다.

노인 일자리가 없는 날은 하루 종일 온상 일을 한다. 일당은 동네에서는 7만 원, 다른 동네로 가면 8만 원이다. 일당도 일당인데 잼딸기를 받기 위해서는 바쁠 때 손을 넣어줘야 한다. 잼딸기는 동네에서 사거나 온상에서 바로 따가라고 연락을 하는 분들이 있다. 보통은 저녁에 잼딸기 꼭지 떼는 작업을 두 분이 한다.

어머니의 손톱은 무쇠처럼 단단하다. 삶의 훈장이다. 그동안 해오던 가늠은 여전한데 이제 몸이 따라주지 않는다. 자식들은 이제 좀 쉬시라고 노래를 부르는데 평생 일만 해왔기에 쉽게 일을 놓지도 못하고 있다.

병원에서 퇴원한 후에도 어머니의 걱정은 기찻길 옆 고구마 밭을 떠나지 못했다. 입원해 있는 동안 아버지가 고구마 순을 놓았다. 일기예보와는 달리 비가 오지 않아 타말라 죽을까 물을 줘라 차광막을 씌워라 노심초사다. 아버지와 함께 차광막을 치고 오니 어머니가 웃는다. 세상에서 제일 맛있는 어머니표 고구마를 언제까지 맛볼 수 있을까?

(2021.05.28)

J를 기다리며

J를 기다리고 있다. 오늘 오후 영상통화를 한 후부터 내 가슴은 요동치기 시작했다. 얼마만일까? 재작년 여름에 그룹홈에서 나갔으니 2년이 되어간다. 그동안 다섯 차례나 돌아오겠다는 약속을 어기면서 애간장을 태웠다.

J를 처음 만난 것은 인화대책위 활동을 하면서였다. 2011년 인화학교가 폐교되면서 홀더 그룹홈에서 9년 동안 살았다. 나는 중학생이던 J의 법정 후견인이기도 해서 늘 마음이 갔다. J는 자립하여 타 지역으로 갔다.

계절이 세 번 바뀌면서부터 다시 광주에 오고 싶다는 연락이 오기 시작했다. 그때마다 급하게 거처를 알아보고 내려오라고 했다. 두 달 전에는 데리러 갈 차편까지 준비하고 기다렸으나 끝내 약속을 지키지 않았다. 그때마다 나는 렘브란트의 '탕자의 귀향'이라는 그림을 떠올리며 자식을 기다리는 아버지의 마음을 생각했다.

잠시 후 초인종이 울리면 그를 볼 것이다. 얼마나 힘들었을까? 얼마나 실로암사람들의 품이 그리웠을까? 이제 이곳에서 그동안 사람들 사이에서 시달렸던 몸과 마음에 쉼을 얻었으면 좋겠다. 문을 열고 들어오는 J에게 보고 싶었다고, 돌아와서 고맙다고 할 것이다.

(2021.05.29)

생전 처음 겪어본 일

주일 오후 고향집에 다녀왔다. 건강이 좋지 않은 어머니를 뵙고 오는 길에 故 강대인 선생님의 우리원에 들러 시설을 둘러보았다. 1979년부터 유기농 농사를 해온 하늘이 내린 농부 강대인. 고향집 근처 마동마을에 이런 곳이 있다는 게 자랑스럽다. 광주에 돌아오자마자 피곤이 몰려와 눈을 붙였다. 휴대폰이 몇 번 울려서 잠결에 전화를 받았다. K를 만나러 식당에 갔더니 벌써 술이 거나한 상태였다. 술 몇 잔을 더 비운 K를 집에 데리고 가는 것이 오늘의 미션이 되었다. 식당에서 나오자마자 몇 번 넘어지고 길바닥에 드러눕고 나서 차를 탔다. 평소에 하지 않던 말투로 주사까지 했다. 집 앞에서 겨우 내리기는 했는데 태산 같은 계단이 가로막고 있었다. 8개의 계단을 오르고 나서 쓰러지듯 아예 누워 버린다. 몇 번을 일으켜 세우려다 계단 아래로 떨어질 뻔했다. 업고 갈 수도 끌고 갈 수도 없는 노릇이다. 이 건물에 사는 사람이 오가면 말이라도 붙여 볼 것인데 아무도 보이지 않았다. 지나가는 사람을 붙잡고 도움을 청하기도 민망해서 계단에 걸터앉아 술이 깨기를 기다리기로 했다. K는 세상모르게 코를 골며 단잠을 자고 있다.

얼마의 시간이 흘렀을까? 코 고는 소리가 잠잠해지자 흔들어 깨웠다. 계단 손잡이를 잡고 비틀거리며 위태롭게 한 걸음씩 16계단을 올라간다. 2층 K의 집에 들어가자마자 다시 쓰러졌다. 겨우 허리춤을 잡아끌어서 안방까지 들어갔다. 대자로 누워있던 K는 구토를 하더니 그 자리에 머리를 박고 잠들어 버렸다. 다음 장면은 상상 그대로다. 겨우 방 정리를 하고 침대에 K를 눕혔다. 미션 클리어.

한동안 뵙지 못했는데 요사이 힘든 일이 많았던 모양이다. 자신보다는 어려운 사람들을 먼저 챙기는 K, 정작 그를 챙기는 사람은 없었던 것이다. 집으로 오는 길에 마주친 유난히 반짝이는 저 별은 그의 별일 것이다. K의 건강과 평안을 빈다.

(2021.05.30)

착한 미소가 그립고 그립다

국립 5·18 민주묘지를 갈 때면 묘지번호 7-8을 찾는다. 야구에서 가장 재밌다는 케네디 스코어인 7:8처럼 역사의 소용돌이 속에서 7전 8기의 삶을 살았던 분을 만나러 간다. 故 김요한 집사...

1981년 5월, 21살 청년이던 김요한은 동부경찰서 앞에서 총상으로 척수장애인이 되었다. 국가가 국민을 향하여 총구를 겨누는 야만의 시간에도 생명을 건졌다. 청춘의 꿈과 육신이 망가진 순간에도 그는 다시 일어섰다. 이후 새울림교회를 출석하며 실로암중창단으로 활동하였다. 실로암중창단으로 사역하면서 보여준 착한 미소는 아직도 생생하다.

죽음보다 더한 통증을 잊기 위해 운동을 시작했다. 론볼 선수로 국내 대회뿐 아니라 세계선수권대회에서 입상하기도 했다. 평생 진통제와 수면제 등 약에 의지하며 극심한 통증과 힘겨운 싸움을 하다 2011년 3월에 별세하였다. 별세 후 그는 체육훈장 기린장을 받았다. 20년을 비장애인으로, 30년을 장애인으로 치열하게 살아온 삶을 뒤로하고 주님 품에 안겼다.

묘비 뒷면에 새겨놓은 딸 진영이의 말이 긴 여운으로 남는다. "아빠! 항상 사랑해요. 편히 쉬세요." 아빠를 꼭 닮은 진영이는 10년 전 미국에서 결혼하여 두 아이의 엄마가 되었다. 동갑내기 친구인 곽정숙 의원과는 천국에서 만나 무슨 이야기를 나누었을까? 김요한 집사님의 묘지에 난 풀을 뽑는 것으로 그리움을 대신한다.

(2021.06.03)

오월 광주의 첫 희생자 어머니를 만나다

1980년 5월 18일, 광주에서 최초 희생자가 발생했다. 계엄군의 무차별 폭력으로 청각장애인 김경철 씨가 온몸에 다발성 타박상을 입었다.

청각장애인의 수어와 간절한 몸부림을 계엄군은 '거짓말로 수작부린다'면서 가혹한 폭력을 멈추지 않았다. 그는 국립5·18민주묘지 묘역번호 1-01에 묻혔다.

비가 부슬부슬 내리는 가운데 故 김경철 씨의 어머니, 임근단 여사님을 만났다. 전남 완도 금일이 고향인 어머니는 20대 초반 멋진 경찰과 결혼했다. 남편을 따라 영광에서 살던 중 네 살이던 아들(김경철)이 고열로 인해 청력을 잃게 되었다. 아버지는 아들의 교육을 위해 경찰을 그만두고 광주로 이사를 왔다. 김경철은 광주에 있는 전남농학교(후에 광주인화학교로 개명)에 입학하였다. 그는 농인이 되지 않았다면 가수가 되었을 것이다. 학창 시절에는 농교사가 되고자 했으나 집안 사정상 고등학교 진학을 포기했다. 서울 계명양화점에서 7년 동안 기술을 배워 광주 국제양화점에 취업했다.

28살이던 1979년 결혼하여 딸 혜정이 태어났다. 성실하고 유능했던 그는 어머니와 함께 양화점을 창업할 꿈을 키워갔다. 어머니에게는 다시 돌아가고픈 시절이었다. 1980년 5월 18일 계엄이 선포되었고, 집으로 돌아가던 그는 충장파출소 근처에서 계엄군의 곤봉에 맞아 사망했다. 그의 나이 29살, 결혼한 지 1년 6개월, 딸 혜정의 백일이 막 지난 때였다. 지금까지 어머니의 삶을 지탱해준 것은 손주 혜정이었다.

어머니(임근단 여사)는 그날부터 전혀 다른 삶을 살아야 했다. 5월 19일 상무대, 적십자병원을 전전하다 국군통합병원에서 아들의 시신을 확인했다. 어머니는 아들이 아무것도 모르는 채 맞아죽은 것을 생각하면 지금도 억장이 무너진다. 아들은 사격장 뒤에 다른 9구의 시신과 함께 묻혔다. 이후 망월동 구묘역을 거쳐 1997년 6월 14일 국립5·18민주묘지에 안장되었다.

무엇보다 5·18 희생자들이 폭도, 불순분자, 빨갱이로 매도당하는 것을 참을 수 없었다. 1981년부터 어머니들이 나서서 서울로 국회로 전두환의 집으로 백담사로 전국을 누비며 다녔다. 41년이 지난 지금도 눈물 없이는 이야기를 잇지 못했다. 어머니의 상한 눈과 귀는 그동안 살아온 삶이 고스란히 담겨 있었다. 최근에는 옛 전남도청 복원을 위해 4년 동안 개근을 하며 현장을 지켰다. 올해 90세인 어머니와 다시 찾아오겠다는 약속을 오랫동안 지키고 싶다.

(2021.06.03)

故 윤정재 형을 추모하다

벌써 고 윤정재 형의 6주기다. 2015년 5월 30일 버스를 타고 가던 중 뇌출혈로 쓰러져 6월 7일에 별세하였다. 6월 9일 발인을 마치고 나서 하루 뒤에야 별세 소식을 들었다. 장례식에 함께하지 못한 미안한 마음은 지금도 여전하다. 윤정재 형은 실로암사람들 창립 때부터 회원이었다.

모임이나 행사에 빠짐없이 참석하면서 호기심 많은 눈망울로 늘 기웃거렸다. 마치 홍길동처럼 동에 번쩍 서에 번쩍 나타났다 사라졌다. 그러다 보니 실로암사람들 초창기부터 40년 동안의 야사(野史)를 누구보다 많이 알고 있었다.

인화학교성폭력대책위가 광산구청 앞마당에서 천막농성을 하던 때였다. 2006년 6월 2일 새벽, 광산구청은 천막농성장을 기습적으로 철거했다. 당일 천막농성장 야간지킴이로 있던 정재 형이 다급한 목소리로 소식을 전해왔다. 대책위는 광산구청에 집결하여 1시간 만에 구청장실로 들어갔다. 밀고 당기는 몸싸움을 하며 바닥을 기어서 나가는데 청사 2층 방화벽 셔터를 내리는 바람에 나는 내려오는 셔터 밑에 드러누웠다. 당시 전갑길 구청장에게 농성장을 철거하지 않겠다는 약속을 받아냈다.

윤정재 형과 함께한 마지막 투쟁은 2015년 4·20이었다. 광주장애인차별철폐연대는 이동권 보장을 요구하며 광주시청 앞에 천막농성장을 설치했다. 형은 천막농성장에 오가며 야사를 들려주었는데, 그것이 이 땅에서 끝이 되고 말았다.

형은 골목길음악회가 열리면 자주 아이스크림을 쐈다. 비닐봉지에 가득 가져와 함께한 사람들 모두에게 나눠주어도 남을 정도였다. 어려웠던 시절에도 따뜻한 마음으로 서로 의지하면서 함께 올 수 있어서 감사하다. 갑작스러운 별세의 슬픔과 다하지 못한 추모의 마음을 오늘에야 전한다.

(2021.06.06)

내게 생명과 사랑을 주신 분

할머니 산소를 찾아가는 길이 쉽지 않다. 예전에는 작은 밭길이 하나 있었는데 그 길이 사라져 버렸다. 친구 용순이 집 마당을 가로질러 언덕길을 지나 겨우 가족묘지에 도착했다. 그나마 뒷산 중턱에 있던 할아버지 산소를 할머니와 합장해서 다행이라 생각했다. 가족묘지에는 증조할아버지 산소와 후손들의 묘 8기가 안장되어 있다. 산소에 풀이 무성하다. 올해 설날에 벌초를 했는데 벌써 이렇게 되다니 놀랍다. 맨손으로 산소의 풀을 뜯고 잡초를 뽑았다. 날은 덥고 햇빛이 쨍쨍해서 땀은 비 오듯 쏟아지고 손가락에 멍이 들었다. 하지만 할머니의 은공을 생각하면 아무것도 아니었다.

할머니가 별세하신 지 23년의 시간이 흘렀다. 하지만 내 마음속 할머니는 현재형이다. 내게는 어머니 같고, 학창 시절을 함께한 친구 같은 분이셨다. 나는 할머니를 통해 삶에 대한 긍정과 사람에 대한 예의를 배웠다. 할머니는 내게 생명과 사랑을 주셨다. 단지 핏줄을 이어준 매개자일 뿐 아니라 내게 아가페 사랑을 몸소 베풀어 주셨다. 오랫동안 할머니의 사랑은 당연한 것이라 생각했다. 할머니가 돌아가시고 나서야 내 생의 최고의 선물이었음을 알았다.

나는 할머니에게 어떤 존재였을까? 한 번도 대답하지 못했다. 솔직하게 말하자면 자신이 없어서 회피하고 싶었던 물음이다. 내 삶의 무게 때문에 할머니의 삶과 꿈에 대하여 헤아리지 못했다. 나를 반짝이기 위해 기꺼이 밤하늘이 되어주신 할머니의 산소 앞에서 부끄러운 고백으로 대답을 대신한다. 할머니 때문에 지금의 제가 있어요.

(2021.06.06)

제2기 사회복지 종사자 처우개선 계획에 대하여

광주시가 제2기 사회복지시설 종사자 처우개선 계획을 발표했다. 제2기 계획은 2021년부터 2023년까지 3개년으로 2021년 6월 7일부터 시행한다. 내용은 차치하더라도 2021년 1월부터 시행되는 계획을 6개월이나 늦게 발표한 것은 광주시의 업무태만이다. 현장에서는 작년 말까지 처우개선 계획을 확정하고, 올 1월부터 시행을 요구해왔다.

4년 전인 2017년 5월 22일, 광주지역 1천여 명의 사회복지 종사자들은 이른바 '장미 기자회견'을 통해 처우개선을 요구하였다. 광주시는 현장과의 논의를 통해 제1기(2018-2020년) 사회복지시설 종사자 처우개선 계획을 세웠다. 호봉제 도입과 여성가족국 산하시설에 대해 단계적으로 90%(보건복지부 인건비 가이드라인 대비) 수준의 처우개선이 이루어졌다. 또한 대체인력 지원, 장기근속 휴가, 유급병가제 등이 공론화되었다.

제2기 3개년(2021-2023) 계획의 핵심은 단일임금체계를 도입하는 것이다. 그런데 광주시는 광주형 단일임금체계를 별도로 마련하지 않고 보건복지부 인건비 가이드라인(권고기준)을 '단일임금'으로 적용한다고 발표했다. 시기적으로 늦은 것도 있지만 현장과의 소통도 부족했다.

보건복지부에서 발표한 '2021년 사회복지시설 종사자 인건비 가이드라인'을 보면 적용대상 사회복지시설의 종류(별표 9)에는 여성가족부 산하 시설이 명시되어 있지만 '직위분류 예시'에는 빠져 있어서 직위별로 어떻게 적용할지 불분명하다. 더구나 "여성가족국 소관 호봉제 미적용 시설인 지역아동센터(307개소), 아동그룹홈(34개소)은 인건비 실태조사 후 별도 임금 보전방침 마련 추진"이라고 발표했다. 이는 실질적으로 단일임금체계에서 배제하겠다는 것이다.

광주시는 2021년 6월 4일자 보도자료를 통해 제2기 사회복지종사자 처우개선 계획을 발표하면서 쟁점이 되고 있는 여성가족국 시설에 대한 단일임금체계 적용방안이나 지역아동센터, 아동그룹홈에 대한 것은 슬그머니 뺐다. 광주시가 강조한 자녀 돌봄 휴가, 장기근속 휴가, 유급병가 등은 비예산 사업이다. 신규로 도입한 복지포인트 제도 도입은 특별수당(처우개선 수당) 폐지를 전제한 것이다.

광주광역시 복지협치 기본 조례와 광주광역시 사회복지사 등의 처우 및 지위 향상을 위한 조례의 취지에 비춰보면 부끄러운 수준이다. 행정은 사회복지 종사자를 복지협치의 파트너로 인정하고, 현장의 요구를 존중해야 한다. 민관정의 논의 결과를 참고사항으로 취급하고, 결정은 행정이 일방적으로 한다면 복지협치는 요원하다.

사회복지 종사자들은 그동안 상박하후(上薄下厚)의 정신으로 고통 분담을 해왔다. 광주시가 제안한 복지부 인건비 가이드라인 100% 달성시 종사자 특별수당(처우개선 수당) 폐지에 동의했다. 지역아동센터와 아동그룹홈 종사자들은 단일임금체계에 포함되면 시일이 조금 더 걸리더라도 받아들이겠다고 양보했다.

광주시에 요구한다. 현재 종사자 특별수당(처우개선 수당)의 규모를 공개하고 이를 어떻게 처우개선에 반영할지에 대하여 현장과 논의해야 한다. 광주시의 단일임금체계 도입에 있어서 예외가 있어서는 안 된다. 동일노동, 동일임금, 단일임금체계는 사회복지종사자의 기본권이다. 이제 광주지역 사회복지 종사자들이 단결된 목소리를 낼 때이다.

(2021.06.07)

종대 형의 나지막한 향기가 그립다

故 권종대 형이 별세한 지 2년이 지났다. 오늘 같은 날은 천사대교를 지나며 형을 추억하고 싶은데 일에 묶여 꼼짝을 못 하고 있다. 많은 사람들이 지금도 형의 향기를 느끼는 것은 왜일까? 그것은 아마도 소박하고 진실한 삶 때문일 것이다.

1992년 실로암사람들에서 간사로 일하면서 형을 처음 만났다. 함께했던 28년의 시간은 사랑과 기쁨과 감사의 기억으로 남아있다. 형은 신실하고 진실한 분이었다. 실로암사람들과 희로애락을 함께하며 서로를 세워간 든든한 동역자였다. 형은 세상에서 가장 연약한 모습을 가졌으나 믿음의 용사로 살았다.

"슬픔을 당해도 늘 기뻐하고, 가난하지만 많은 사람을 부요하게 만들고, 아무것도 가진 것이 없지만 사실은 모든 것을 가지고 있습니다."(고린도후서 6:10) 형과 함께 찬양하고 기도하며 예배했던 믿음은 죽음을 너머 천국으로 이어질 것이다.

시간이 흘러가도 그리움과 추억이 파도처럼 밀려온다. 목요모임에서 앉았던 그 자리, 별세하기 4일 전에 천사대교로 갔던 마지막 여행, 임종을 지키며 형과 나누었던 지상에서의 마지막 대화는 잊지 못할 것이다. 마지막 부탁이었던 형의 명함은 지금도 내 사무실을 지키고 있다.

(2021.06.09)

단지 그 시간 그 자리에 있지 않았을 뿐이다

5층 건물이 무너져 내렸다. 바로 앞 버스승강장에 서있던 시내버스를 순식간에 덮쳤다. 학동 재개발지역 건물 붕괴사고 장면이 담긴 블랙박스 영상을 보고 또 보았다. 마치 재난 영화의 한 장면같이 참혹했다. 아~ 광주의 생명들이 허망하게 꺾였다. 또 하나의 세월호 참사를 보는 듯했다. 아무런 이유 없이 그곳에 있었다는 이유만으로 죽거나 다쳤다.

사고 원인과 관련하여 공식적인 발표가 되지 않았지만, 뉴스에 나온 장면만 봐도 명백하게 인재(人災)다. 123층의 건물을 세우는 나라에서 5층 건물을 주먹구구식으로 철거하는지 이해할 수 없다. 9명 사망, 8명 중상 등 17명의 사상자가 발생했다. 운림54번 시내버스에서 생의 마지막 순간을 맞이한 이들의 이야기가 송곳이 되어 마음을 찌른다. "아빠, 버스 탔어요. 집에서 만나, 사랑해" 나는 18살 고등학생이 아버지와 나눈 마지막 대화에서는 마음을 주체할 수 없었다. 뉴스에서는 그를 9번째 사망자 '남·10대'라 칭했다.

오늘 아침 화순군청을 가면서 사고 현장을 지나갔다. 그동안 수없이 지나다녔던 길이었다. 운전을 하면서 신호등 뿐아니라 주위 건물도 쳐다보게 된다. 대한민국에 안전지대는 없다. 나는 단지 그 시간 그 자리에 있지 않았을 뿐이다. 건물 붕괴사고의 희생자들과 유가족분들에게 하늘의 안식과 위로를 빈다.

(2021.06.10)

1층에 살면 좋은 이유

나는 1층에 사는 것이 좋다. 불편한 점들이 없지는 않으나 단 한 가지 좋은 점으로도 충분하다. 낙수 소리는 1층에서 들어야 제맛이 난다. 자다가 깨었을 때 마치 의식의 밑바닥을 두드리듯 들려오는 낙수 소리가 제일 좋다. 오늘의 낙수 소리는 어머니의 웃음이다. 고구마 순을 놔놓고 쨍쨍한 햇볕에 타들어 가던 마음에 내린 단비다. 낙수 소리는 자꾸 삶을 돌아보게 한다. 유동나무 잎에 떨어지는 빗소리를 들었던 유년의 기억은 언제나 싱그럽다. 괜찮아 괜찮아 그 정도면 잘 살아온 거야. 삶의 모퉁이를 돌았던 순간들이 선물처럼 다가온다. 새벽녘 낙수 소리를 들으며 간절한 기도를 올린다.

(2021.06.10)

600원과 불편한 마음을 맞바꾸다

고속도로 통행료 정산은 하이패스가 대세다. 올해 들어 하이패스 이용률은 86%를 넘어섰지만 장애인 차량은 36.3%에 불과하다. 장애인 차량 하이패스 이용률이 낮은 것은 감면단말기 사용이 불편하기 때문이다.

장애인이 통행료의 50% 감면을 받으려면 단말기에 달린 지문인식기에 지문을 인증해 본인 확인을 거쳐야 하고, 4시간이 지나거나 자동차 시동을 껐다 켜면 재인증을 받아야 한다.

나는 5년 전부터 장애인 하이패스 단말기를 이용하고 있다. 가끔 지문인식기의 지문 인식이 되지 않아서 감면을 받지 못하는 경우도 있고, 하이패스 단말기를 아예 사용하지 못하는 장애인들도 있다. 뇌병변 장애인 가운데 강직으로 인해 손이 흔들려서 지문인식기에 지문을 찍기가 불가능하거나 힘든 경우가 있다. 또한 지문이 약하여 단말기가 인식하지 못하는 경우도 있다. 참고로 스마트폰의 본인인증 방식은 지문뿐 아니라 안면인식 등이 있다. 좀 더 다양한 방식으로 확대할 필요가 있다.

장애물은 또 있다. 통행료 감면을 받으려면 복지카드와 연계하여 신용카드를 사용해야 한다. 복지카드의 장애등록은 유효기간의 제한이 없다고 해도 신용카드는 5년마다 갱신해야 한다. 일반 카드사에서 신용카드를 갱신하는 것과 비교하면 절차가 복잡하다. 통합복지카드는 복지카드 기능과 신용카드 기능을 겸하다 보니 주민센터에 직접 가서 신청해야 하고, 카드사에서 발급하는데도 시간이 더

걸린다.

그런데 그것이 끝이 아니었다. 신용카드만을 갱신해서 하이패스를 이용했다가는 낭패를 본다. 하이패스 감면단말기의 지문인식기도 유효기한이 있다. 만일 지문 인증을 안 했거나 통행카드나 단말기에 문제가 있는 경우 요금 감면은 안 되고, 나중에 소급적용도 불가능하다.

일반 하이패스 단말기는 사용기한의 제한이 없다. 한마디로 고장 날 때까지 사용하는 것이다. 그런데 장애인용 감면단말기에 딸린 지문인식기의 유효기간을 설정해서 제한하는 이유가 뭔지 납득이 가지 않는다. 더구나 감면단말기 재등록 시에 네 손가락의 지문을 등록해야 한다.

한국도로공사에 요구한다. 장애인용 하이패스 감면단말기 사용과 관련하여 장애인에 대한 차별적 요소가 많다. 본인 인증방식을 지문 날인 방식에서 다양화하고, 통합복지카드의 재발급 절차도 간소화해야 한다.

특히 하이패스 감면단말기의 지문인식기 유효기간은 반드시 폐지해야 한다.

사회복지에서 크리밍(creaming)이라는 말이 있다. 이용 절차를 복잡하게 하거나 자존심을 상하게 해서 클라이언트의 접근을 제약하는 것이다. 지문을 인증할 때마다 불편함은 물론 사회적으로 제한이나 배제당하는 듯해서 마음이 불편하다. 오늘도 1,200원인 2순환도로 통행료 50%를 감면받기 위하여 지문 인증을 했다. 언제까지 600원과 불편한 마음을 맞바꾸며 살아야 하나.

(2021.06.10)

잠 못 이루는 밤을 보내며

내일이 코로나 백신 접종 예약일이다. 하루 전에는 잘 먹고 잘 쉬어야겠다는 생각으로 저녁을 든든히 먹고 일찍 잠자리에 들려고 누웠다. 잠이 오지 않는다. 평소에 머리만 대면 코를 고는 사람이라고 핀잔을 듣는다. 하지만 내일이 오늘로 바뀌어도 정신은 더 초롱초롱해진다.

조재한이 보내온 톡 때문이다. 힘들다고, 더 살고 싶다고, 도와달라고 한다. 비정상적으로 침이 분비되어 입에 물고 있는 가제 수건을 수시로 교체해야 한다. 만약에 침이 기도로 넘어가면 흡입성 폐렴의 위험이 있고, 가래가 기도를 막아버리면 사망할 수도 있다.

그의 곁에는 누군가 24시간 함께 있어야 한다. 그런데 현재 391시간의 활동지원서비스로는 턱없이 부족하다. 그 부족한 틈을 아버지와 형과 동생이 메워왔다. 그러나 아버지는 연로한 데다가 어깨뼈가 수술도 못 하실 정도로 망가져서 더 이상 도와줄 수가 없다. 형은 허리와 어깨도 아프고 야간 근무 날과 휴일 밤에는 못 오고, 동생은 7월에 복직하게 되면 야간에 올 수가 없다. 그는 언제부터인가 죽음을 생각하고 있다.

2019년 9월부터 연하장애가 심해져 수십 차례 질식사 전까지 갔었고, 미음조차 먹지를 못해 바나나랑 우유를 갈아먹기도 했다. 이미 유언장도 써 놓고 형은 납골당까지 알아보았단다. 하지만 세상이 너무 아름다워 더 구경하고, 조금 더 놀다 가고 싶단다.

24시간 지원을 받을 수 있다면 죽음의 공포에서 벗어날 수 있다.

그동안 버팀목이었던 가족의 도움도 이제 한계에 와 있다. 자부담으로 감당하는 것은 애초에 불가능하다. 그는 광주지역 장애운동의 역사를 함께 써 내려온 활동가요 투사였다. 그가 꿈꾸던 자유롭고 안전한 세상을 만들기 위해 힘과 지혜를 모아갈 것이다.

(2021.06.14.)

코로나19 백신 예방접종을 하고

요즘에는 코로나19 백신 예방접종을 한 사람과 안 한 사람으로 나눈다. 6월 15일, 코로나19 백신 1차 예방접종을 했다. 언젠가 내 차례가 오겠지 하며 기다리던 참이었다. 생각 같아서는 얀센으로 한 번에 끝내고 싶었으나 아스트라제네카(AZ)를 맞았다. 백신이 내 몸 안에 들어와 어떤 반응을 보일지 궁금하다. 겸허한 마음으로 기도를 드렸다. 첫날은 특별한 이상 없이 지나갔다. 거기다가 저녁에 숙면을 했고, 새벽에 일어나니 몸은 개운했다. 둘째 날부터 모든 일정을 정상적으로 수행했다.

오후가 되자 미열이 나고 몸이 무거워져서 타이레놀을 먹을까 하다가 하루를 버티며 넘겼다. 저녁이 되자 피곤이 몰려왔다. 내 몸 안에서 일어나고 있는 변화가 신비롭게 느껴진다.

3일 차부터는 별 이상 없이 일주일을 보냈다. 그동안 7번의 코로나 선제검사와 백신 접종까지 모두 무료고, 무엇보다 검사 후 8시간 이내에 신속하게 결과가 나와서 좋았다. 백신을 맞고 나니 벌써 든든하다. 앞으로 2차 접종까지는 세 달을 기다려야 한다. 고맙다 대한민국!

(2021.06.14)

복지시설 평가를 넘어서자

2020년 보건복지부의 사회복지시설 평가 결과가 나왔다. 장애인 공동생활가정은 3년마다 평가를 받는데 실로암사람들 부설 그룹홈은 모두 A등급 평가를 받았다. 그동안 애쓰신 직원들과 이용인들 덕분이다. 특별히 평가결과 권역별 상위 5%는 우수시설로 선정하여 인센티브를 지급받는다. 광주지역 공동생활가정 51개소 중 7개소가 우수시설로 선정되었다. 그런데 실로암사람들 부설 그룹홈 4개소가 포함되어 있다.

감사하다. 실로암사람들이 애써온 것들에 대하여 국가(보건복지부)가 인정해 준 것이다. 당연한 결과라 생각하지만 이제 더 큰 목표를 향해 나아가기 바란다. 평가를 넘어서는 것이다. 장애인복지시설 운영매뉴얼을 시행하는 사회복지 전문가에 머물러서는 안 된다. 장애인복지 프로그램을 기획하고 실천하고 평가하고 기록하는 기술자가 되지 않기 바란다.

이용인과 인간 대 인간으로 관계를 맺고, 서로 존중하며 더불어 살아가기를 꿈꾼다.

최진석 교수는 "시장 좌판에 진열된 생선이 아니라 요동치는 물결을 헤치는 물고기로" 살아가기를 권한다. 좌판에 진열된 생선이 될 것인지, 물결을 헤치는 물고기로 살 것인지 선택해야 한다. 언제 어디서나 실로암사람들의 빛깔과 향기를 내는 사역자로 살고 싶다.

(2021.06.16)

H가 꾸는 꿈

건강하던 H는 2010년 뇌졸중으로 병원에 입원하게 되었다. 병원 치료 중 간병인을 통해 노인장기요양서비스를 소개받았다. 2014년 퇴원 후 장기요양 4등급 판정을 받아 월 60시간 미만의 서비스를 받고 있다. 왼쪽 편마비인 H는 운동을 시작했다. 건강도 좋아지고 성적도 올라서 광주광역시 육상(필드) 대표선수가 되었다. 동료 선수를 통해 장애인 활동지원서비스에 대하여 알게 되었다. 하지만 7년 전 한 번의 선택으로 모든 것이 끝이었다.

장애인 활동지원법은 장기요양서비스를 이용하는 사람은 활동지원서비스를 이용할 수 없도록 제한하고 있다. 한마디로 서비스 선택권이 없다.

심지어 65세 미만이라 할지라도 장기요양서비스를 취소하고 활동지원서비스로 전환할 수도 없다. 전국의 3만 명이나 되는 장애인이 족쇄에 묶여있다. 그 족쇄를 처음 끊은 사람이 황신애 님이다.

2016년부터 북구청, 광주지방법원, 헌법재판소와 싸움 끝에 장애인 활동지원에 관한 법률 제5조 제2호에 대한 헌법불합치 결정이 내려졌다. 올해 4월 광주지법은 북구청에 활동지원서비스를 제공하라는 판결을 내렸고, 6월부터 활동지원서비스를 이용하고 있다. 장장 5년 만이다.

H도 전국의 3만 명 '황신애들' 가운데 한 사람이다. 2023년 말까지 법 개정을 기다리기에는 너무 힘들다. 운동선수로서 평소 훈련할 때 하루 3시간으로는 턱없이 부족하다. 대회 참가를 위해서 사

정사정해서 도우미를 찾고, 몇 달치 수급비를 모아서 50여만 원이 넘는 돈을 지출해야 한다. H는 이제 꿈을 꾼다. 하루 3시간의 굴레에서 벗어나 운동에 집중하고 싶다. 동료 선수처럼 활동지원서비스를 받으며 훈련하고, 대회에 출전하는 날이 오기를 염원한다. 뒤엉켰던 삶의 실타래를 풀고 비상하기 바란다.

(2021.06.24)

3부

존중과 기억에 대하여

라브리는 우리들의 피난처다

실로암사람들은 창립 30주년을 지내면서 발달장애인 사역에 집중하기 시작했다. 그렇게 해서 가족지원센터와 치료센터가 생겨났다.(지금은 두 기관 모두 사업을 종료했음) 특히 남구지역 장애학생 계절학교를 주관하면서 주간보호센터 설립의 필요성을 실감하게 되었다. 2011년 장애인평생교육원이 백운동 로터리 근처에서 현 위치로 이전하면서 라브리주간보호센터를 설립하였다.

라브리주간보호센터를 시작한 지 벌써 10년이 되었다. 시간에 담긴 의미보다 오늘날의 라브리를 세워온 분들의 수고와 헌신이 먼저 떠오른다.

처음 라브리의 씨앗을 심고 가꾸신 분들이 황익순, 이유미, 차복현, 김종덕, 고빛나 선생님이었다. 어렵고 힘들었던 시절 잊을 수 없는 은인이 있다. 두암동에서 학원을 운영하시는 홍문희 원장님께서 1천만 원을 후원해 주셨다. 가장 어려울 때 내밀어 주신 손길을 기억하며 지금도 학원 앞을 오갈 때면 축복의 기도를 드린다.

라브리를 처음 개원했을 때는 학령기 이용인들이 많았으나 중간에 운영지침이 성인으로 바뀌었다. 초창기에 이용했던 몇몇은 지금도 라브리의 주인공이다. 라브리(L'Abri)는 피난처를 의미한다. 말 그대로 발달장애인에게 안전하고 평안한 공간이 되었으면 좋겠다. 무엇보다 친구들과 삶의 기쁨을 나누고 신실한 선생님들과 함께 성장해가는 곳이 되기를 바란다. 요즘 네이버 밴드를 통해 라브리의 일상을 확인하는 것은 큰 기쁨이다. 어쩌면 자식을 라브리에 보내는 부모들의 마음도 다르지 않을 것이다. 라브리를 섬기는 곽정옥 원장님과 김병모 국장님 그리고 김유술 팀장님, 박정서 선생님, 박찬미 선생님이 계셔서 든든하다. 라브리가 장애인 당사자와 가족 그리고 종사자 모두의 피난처로 세워지기를 바란다.

(2021.07.01)

새빛콜, 해답은 현장에 있다

2021년 상반기 새빛콜 간담회가 열렸다. 코로나19로 인해 작년에는 열리지 못해서 그런지 참여 열기가 뜨거웠다. 나는 간담회 사회를 맡았다. 과거에도 간담회 사회를 본 적이 있는데, 간담회 사회는 잘해야 본전이고 욕을 바가지로 얻어먹기 십상이다. 간담회 사회를 맡는 조건으로 몇 가지를 요구했다.

첫째는 간담회는 이용자들의 의견을 듣는 자리다. 이용자들이 새빛콜을 이용하면서 느낀 자신의 이야기를 충분히 나누는 자리가 되어야 한다. 그래서 간담회 전에 진행되는 식전행사는 모두 생략하고, 새빛콜 현황보고나 설문보고도 간략하게 진행하기로 했다.

둘째는 지난 2년(1998,1999년)동안 진행된 고객간담회의 내용과 결과를 서면으로 보고해 주도록 했다. 그리고 이번 간담회의 내용도 서면으로 작성하여 홈페이지에 공개하고, 처리결과에 대하여 다음 간담회 때 서면 보고하도록 했다. 왜냐하면 간담회를 열어봐야 입만 아프지 되는 일이 없다고 생각하는 이들이 있기 때문이다. 다행히 지난 간담회 결과는 서면으로 자료집에 실렸다. 팽팽한 긴장감 속에서 간담회가 시작되었다. "이용인 중심, 듣고 바꾸다!"라는 슬로건처럼 현장의 목소리가 운영에 반영되기를 바라는 마음으로 다양한 의견을 제시했다. 그런데 한 사람이 보통 다섯 가지 정도의 의견을 준비해왔기에 시간이 너무 많이 소요되었다. 불가피하게 두 가지 정도로 제한하면서 진행할 수밖에 없었다. 3시간이 넘게 진행된 간담회에서 나온 이야기는 계속 모니터링을 할 생각이다. 장애등급제 폐지와 코로나19로 인해 배차 방식은 풀어야 할 숙제다. 그리고 특장차 내구연한, 요금제, 시내 경유, 운전원 교육 등 다양한 의견이 이어졌다. 지난 4월에 작성된 혁신보고서에서 제시한 바우처택시에 대한 부분도 공론화해서 논의를 시작해야 한다.

혁신보고서에 대해서는 이구동성으로 혁신단 논의 과정에서 장애인 당사자가 배제되었다는 점을 지적했다. '우리 없이 우리에 대한 것은 없다'는 당사자주의를 말하지 않더라도 새빛콜의 한 주체인 장애인의 참여나 의견수렴이 없이 만들어진 것에 대하여 인정하기 어렵다. 다시 원점에서 논의를 시작해야 한다.

정병문 원장의 말처럼 '상설 이용인 위원회(가칭)'를 구성하여 현장의 의견을 적극 수렴하기 바란다. 우리 사회에서 장애인의 이동권이 법적으로 규정된 지 벌써 15년이 지났다. 광주시에서도 저상버스, 장애인콜택시, 지하철 등 장애인의 이동수단이 확대되고 있다. 하지만 갈길이 멀다.

장애인 당사자의 힘으로 정책을 견인해 나갈 때 인권도시 광주의 참모습을 세워갈 것이다.

(2021.07.01)

장클라와 행복한 동행에 감사한다

장클라는 클라리넷티스트 장성규의 애칭이다. 오늘은 '장클라와 행복한 동행'이라는 타이틀로 나눔토크 콘서트가 열렸다. 이번 콘서트는 7월 12일 출국을 앞두고 그동안 장클라의 캄보디아 사역을 후원해 주신 분들에 대한 감사의 자리였다. 김인수 아나운서, 바이올린 조진영, 색소폰 김용기, 피아노 임사라 등 10여 년 이상 장클라와 함께한 지인들 이어서 의미가 컸다. 나도 이야기 손님으로 보배로운교회 채상균 목사님과 함께 출연하여 장클라와 함께한 삶과 사역에 대한 이야기를 나누었다. 특히 CCM가수 이정림 님은 처음 만나는 자리였지만 잊지 못할 감동을 주었다.

장클라와 처음 만난 것은 25년 전이다. 중학교 2학년 때 실로암사람들이 주최한 장애청소년 통합캠프에 참여하면서부터다. 이후 실로암사람들 사역의 현장은 장클라의 무대가 되었다. 장클라가 있으면 언제 어디서나 유쾌한 축제가 벌어졌다.

대학을 졸업하고 독일 유학을 준비하면서 함께 꿈을 꾸었다. 장애학생을 우리 사회의 리더로 세워가기 위해 2005년 무진장애인장학회가 만들어졌고 1호 장학생으로 장클라를 선정하였다. "한국이든 독일이든 안 보이는 것은 똑같다"라며 독일로 떠나갔던 모습은 지금도 생생하다.

장클라는 도전의 아이콘이다. 그의 긍정적이고 창의적인 삶은 실로암사람들과 함께하며 키워온 오랜 내공의 결과다. 그는 다른 사람이 생각하지 못했던 것들을 생각하고, 보지 못했던 것을 보며 살아왔다. 그의 도전의 끝이 어디일지 아무도 모른다. 하나님을 삶의 주어로 고백하며 끝없이 꿈꾸고 도전하며 나아가기 바란다.

캄보디아 지디아센터에 큰 힘이 되어주신 보배로운교회 성도님들과 채상균 목사님께 감사한다. 오랜 세월 동안 장클라와 고락을 함께해 온 실로암사람들 회원들께 감사한다. 이번 콘서트의 음향과 영상을 담당한 양안수 장로님, 김모세 팀장님, 차복현 팀장님, 한가희 간사님, 김현태 선생님께 특별히 감사한다. 모든 것이 하나님의 은혜다.

(2021.07.03)

예배는 공동체성을 경험하는 행위다

7월 첫 주일이 되어서야 대면예배에 출석했다. 한국교회는 7월 첫 번째 주일을 맥추감사주일로 지킨다. 지금은 대부분 보리농사를 지으며 살지 않기에 맥추감사주일의 핵심은 '감사'에 있다. 우리의 삶을 지키시고 인도하신 하나님의 은혜를 감사하며, 하나님 앞에서 즐거워하는 것이다.

광주겨자씨교회에서 내가 맡은 일은 장애인선교부다. 생활시설이나 그룹홈에서 거주하는 분들이 있기에 사회적 거리두기 1단계가 되어야 대면예배에 출석하기로 했다. 그러다보니 올해에는 연초부터 6월 말까지 단 한 차례도 대면예배에 출석하지 못했던 것이다.

오랜 목마름이었다. 성도들이 얼굴과 얼굴을 대하며 예배하는 것이야 말로 최고의 기쁨이요 감격이다. 교회는 예배 공동체다. 예배는 자기중심적인 행위가 아니라 공동체성을 경험하는 행위이다. 예배를 통해 성도들은 자신이 하나님 나라에 속한 자요, 한 몸을 이루는 지체임을 확인하게 된다.

한동안 온라인 예배에 대한 찬반논쟁이 있었다. 하지만 지금은 웬만한 교회는 온라인 예배를 병행하고 있다. 이제 대면예배냐 비대면예배냐는 형식을 넘어서 예배의 본질에 다가가기 바란다. 예배를 통해 하나님의 은혜를 누리며 교회 공동체에 주신 사명을 따라 살아가자.

(2021.07.03)

개독교와 카톡교를 넘어서자

기독교인으로서 가장 듣기 거북한 말이 '개독교'다. 개독교는 개 같은 기독교를 의미한다. 아마 2000년대 접어들면서 개신교에 대한 혐오 표현으로 안티 기독교인들이 사용하기 시작했다. 이런 말을 들을 때면 하나님에 대한 송구스러움이 크다.

혐오 표현(Hate Speech)은 성별, 장애, 종교, 나이, 출신 지역, 인종, 성적 지향 등을 이유로 어떤 개인·집단에게 모욕, 비하, 멸시, 위협 또는 차별 · 폭력의 선전과 선동을 함으로써 차별을 정당화·조장·강화하는 효과를 갖는 표현을 말한다. 그동안 장애인은 혐오 표현의 대표적인 피해자였다. 혐오 표현은 차별을 정당화하며 민주주의의 본질인 다양성을 훼손한다.

최근에는 '카톡교'라는 신조어가 생겼다. 카톡교는 개신교가 각종 유언비어나 거짓 뉴스의 진원지라는 오명을 뒤집어쓰게 되면서 생긴 말이다.

나에게도 황당한 내용의 톡을 보내오는 기독교인이 있다. 겉으로는 그럴듯하게 신앙을 내세웠지만 정치적인 논리를 포장한 것들이다. 최근에는 코로나19 백신이 요한계시록의 짐승의 표인 666이라는 이야기가 돌았다. 백신이 유전자 조작을 일으켜서 어느 세력에 속하게 된다는 것이다. 이런 유언비어가 생산되어 무분별하게 유통되고 확대 재생산되는 배경에 개신교가 자리하고 있다. 이럴 때마다 기독교가 반사회적이고 몰상식한 집단으로 매도당하는 것 같아 씁쓸하다.

점점 정치의 계절이 다가오면서 다시 카톡교의 조짐이 보인다. 더 이상 개신교가 전광훈과 같은 특정 정치집단에 휘둘려서는 안 된다. 교회는 불의에 저항하되 거룩을 잃지 말아야 한다. 세상의 빛과 소금으로서의 교회됨을 회복하자.

(2021.07.11)

416일 만에 돌덩이를 내려놓다

고 김재순 님은 2020년 5월 22일, 하남공단 조선우드 사업장에서 산재로 사망했다. 생활폐기물 처리업체에서 안전조치도 없이 일을 하다가 파쇄기에 빨려 들어갔다. 당시 그는 26살의 지적장애인이었다. 지적장애인에게 허락된 일자리는 이런 위험한 곳이었다.

그동안 유가족의 고통은 헤아리기 어렵다. 아버지도 산재로 장애인이 되었고, 아들의 죽음 앞에서는 물러날 곳이 없었다. 70일 만에 장례를 치르고 400일이 넘도록 아들의 죽음이 헛되지 않도록 전국을 뛰어다녔다. 그사이 중대재해처벌법이 제정되었고, 조선우드 사업주는 법정 구속되었다.

오늘 기자회견은 조선우드 박상종 대표이사의 사죄문을 부인이 대독하는 것으로 시작했다. "안전한 일터를 만들어야 했는데 부족했다"라며 "이런 일이 다시없도록 안전설비에 더 꼼꼼히 챙기겠다"라고 했다. 고 김재순 님의 산재 사망사고는 416일 만에 조선우드 사업주의 공개 사죄로 일단락되었다.

하지만 우리에게 남겨진 숙제는 여전하다. 중대재해처벌법 제정 이후에도 중소 영세사업장 노동자의 산재사망사고는 줄지 않고 이어지고 있다. 학동 건물 붕괴 참사와 같은 시민 중대재해에 대해서는 어떻게 할 것인가? 모든 사업장과 시민 재해에 적용되는 중대재해기업처벌법 개정이 필요하다.

아버지 김선양 님은 "재순이는 가슴 속에 첫 번째 돌덩이"라고 말했다. 아버지는 416일 동안 들고 있던 돌덩이를 내려놓았다. 조선우드 사업주의 사죄를 받아들여야 아들이 편히 잠들거라 생각하고 있다. 아버지는 오늘부터 모두가 행복하고 안전한 사회를 꿈꾸며 새로운 길을 가려한다. 부디 건강하기 바란다.

(2021.07.12)

죽음의 공포에서 벗어나 자유를 꿈꾼다

조재한은 1977년 광주에서 태어났다. 뇌성마비로 인해 부모님은 갖은 애를 쓰며 키웠다. 8살 되던 1984년에 은혜학교에 입학하면서 어머니는 학교버스가 오는 데까지 업고 등하교를 시켰다. 덕분에 1996년 고등부를 졸업할 때까지 개근상을 놓치지 않았다. 1998년 하늘 같던 어머니는 심근경색으로 갑자기 돌아가셨다.

스무 살이 넘으면서 가족으로부터 자립해야겠다는 생각을 했다. 2002년부터 2005년까지 별밭공동체에 거주하면서 자립생활을 위해 전반적인 훈련을 했다. 드디어 2007년 3월 두암주공아파트로 자립하였는데, 다행히 그해 8월부터 활동지원서비스 80시간을 받게 되었다.

그즈음 오방장애인자립생활센터를 통해 조재한을 만났다. 2008년 10월부터 오방장애인자립생활센터 팀장으로 일하면서 장애인권 현장의 중심에는 늘 그가 있었다. 2010년 10월, 장애인 콜택시 확대를 요구하며 광주시청 앞 천막농성 중에 강운태 시장 관용차 밑으로 기어들어 갔다.

강운태 시장 취임 100일 즈음의 일이다. 장애인 당사자의 투쟁 덕분에 장애인 콜택시는 늘어났지만 그의 몸은 점점 나빠졌다. 급기야 2012년 2월에 오방센터를 사임하고 치료와 재활에 전념했으나 경추 강직과 연하곤란(삼킴 장애)이 심해졌다. 2020년 2월부터 연하곤란 및 흡인성 폐렴으로 인해 콧줄(levin tube)로 음식물을 섭취하고 있다.

그는 현재 420시간의 활동지원서비스를 받고 있다. 오전 8시부터 오후 10시까지는 활동지원사와 함께 있지만 오후 10시부터 익일 오전 8시까지는 혼자서 지내야 한다. 그는 비정상적으로 과하게 분비되는 타액과 가래로 인해 수시로 석션 처치와 욕창 예방을 위해 체위 변경과 신변처리가 수시로 필요하다. 그리고 목과 허리의 극심한 통증으로 인해 밤낮 할 것 없이 병원으로 가서 진통 주사를 맞아야 한다. 삶과 죽음의 경계에서 살아야 하는 그를 아버지와 형님, 동생이 붙잡고 있었다.

그런데 더 이상 팔순 아버지와 가족들의 짐이 되어 살고 싶지 않고, 가족들도 이제는 한계상황에 놓여있다. 조재한은 이미 유언장을 써 놓고 형은 납골당까지 알아보았다. 하지만 세상이 너무 아름다워 더 구경하고, 조금 더 놀다 가고 싶단다. 활동지원서비스 24시간을 받게 된다면 죽음의 공포에서 벗어나 그가 꿈꾸던 자유롭고 안전한 삶을 살게 될 것이다. 속히 그날이 오기를 간절히 바란다.

(2021.07.14)

한 사람을 향한 마음이 모두를 향한 마음이다

실로암사람들 창립 45주년을 맞이했다. 얼마 전 40년사를 발간한 것 같은데 벌써 5년이 훌쩍 지나갔다. 코로나19로 인해 어수선한 때라 대면행사는 생략키로 했다. 다만 장애인선교 세미나와 창립기념 라이브방송은 비대면으로 진행된다.

실로암사람들은 1976년 빛고을 광주에서 시작되었다. 한국사회에서 아직 장애인에 대한 복지정책이 만들어지기 전에 복음으로 새로운 삶을 살게 된 장애인들이 뭉쳤다. 설립자인 변귀숙 초대회장은 당시 22세였다.

1983년 장애여성 공동체인 실로암재활원(현, 이팝너머)이 개원하면서 초창기 사역의 거점이 되었다. 실로암사람들은 초창기부터 장애여성의 리더십으로 성장해 왔다. 1992년부터 재가장애인 사역을 본격적으로 시작했다. 곽정숙 회장을 중심으로 4명의 전임 사역자가 세워졌고, 사무실도 광주무진교회당 내로 옮겼다. 그때부터 시작된 목요모임(채플)은 실로암사람들 사역의 근간을 이루고 있다. 뿐만 아니라 수어교실, 청소년캠프, 실로암문학회 등 회원 중심의 다양한 사역이 활발하게 이루어진 시기였다.

2005년 실로암사람들은 또 하나의 변곡점을 돌았다. 내부적으로는 꽃피는집 공동생활가정이 세워지면서 제도권 내의 복지사업을 시작했다. 외부적으로는 인화학교성폭력대책위와 장애인차별철폐연대 활동이 역동적으로 이루어진 시기였다. 어느 해는 사무실보다 천막농성장에서 지낸 날이 더 많을 정도였다. 실로암사람들은 피할 수 없는 시대적 부름 앞에 순종하며 나아갔다. 가장 치열했던 그

시기에 실로암사람들은 현재의 사역 형태를 갖추게 되었다.

실로암사람들 45년을 되돌아보면 하나님의 은혜요 기적이다. 우리는 하나님 나라를 위해 일하고, 연약한 사람들과 함께하며, 모두를 위한 공동선을 추구해왔다. 2021년 실로암 공동체의 표어가 '다시 새롭게(Renewal)'다. 하나님께서 주셨던 처음 마음을 품고 다시 새롭게 나아갈 것이다. 45주년을 통해 서로를 돌아보며, 회원 한 사람도 소외되지 않는 공동체가 되기 원한다. 올해 들어 회원인 조재형 감독과 장성규 선교사에 대한 모금을 했고, 현재는 이은선 자매의 치과치료를 위한 모금을 진행하고 있다. 한 사람을 향한 마음이 모두를 향한 마음이라고 믿는다.

실로암사람들 모두가 살아서는 존중받으며, 죽어서는 기억되는 삶이 되길 바란다.

(202.07.15)

실로암에 이 사람들이 없었다면?

실로암사람들 창립 45주년을 맞으며 내게 묻는다. "실로암사람들이 없었다면 나는 어떻게 되었을까?" 가정에 가정으로 답하는 것이지만 내게는 심각한 질문이 되었다. 내게서 실로암을 빼면 뭐가 남을까? 실로암과 함께한 날들을 생각하면 수많은 사람들이 떠오른다. 오늘은 두 사람과 통화하며 울고 웃었다.

박필순 권사님은 최근 건강이 좋지 않았단다. 머리 뒤쪽에 혹이 생겨 치료하는 과정에서 직원의 부주의로 보청기가 고장 났다. 그동안 겪은 몸고생 맘고생이 휴대폰 너머 목소리에 그대로 묻어났다.

20여년 전 실로암센터에 처음으로 꽃을 심은 이가 필순 누나였다. 해마다 실로암센터 작은 꽃밭에는 꽃을 가꾸고 사랑하는 마음이 함께 피어난다. 올해도 할미꽃, 장미, 봉숭아, 분꽃이 피고 졌다. 폭염에 지친 사람들에게 꽃밭은 숨구멍이다. 필순 누나는 목요모임 초창기 참석자이기도 하다. 담양에서 산 넘고 물 건너 대중교통을 타고 오가며 무슨 기도를 드렸을까? 작은 것 하나라도 실로암사람들과 나누고 싶어 동동거리는 모습이 고맙다. 이제 힘이 들 때는 손을 내밀어도 될 터인데 평생 주기만 해서 그런지 받는 것은 어색해 한다.

새벽과 아침 사이에 전형도 형의 전화가 걸려왔다. 막 눈을 뜨고 누워있던 참이었다. 걸어서 출근하는 중이라며 실로암 45주년 축하와 그동안 고생 많았다는 덕담을 건넨다. 형도 형은 실로암이 없다면 어떻게 할 건가요? "오방으로 가야죠." 나는 만약 실로암에 형도 형이 없다면 실로암이 아니라고 했다.

첫 만남이 언제였는지 뚜렷한 기억은 없다. 장콜 운전원으로 일하면서 스치듯 만났다가 실로암 곁에 스미듯 머물러 계시는 것이다. 쉬는 날에도 장애인들 곁에 머무는 사람. 자신은 손해를 봐도 누군가를 도울 수 있다면 제일 먼저 나서는 사람. 대책이 없고 막막할 때 제일 먼저 떠오르는 사람이다. 형도 형이 올린 45주년 축하 영상을 다시 보았다.

"(실로암 사람들과) 같이 있는 것만으로 행복"이라 하신다. 마지막에 "아멘" 하는 모습에 귀여움과 쑥스러움이 묻어있는 젊은 오빠다. 언제까지나 건강하시길 기도드렸다.

(2021.07.16)

한여름 낮의 꿈을 이루고 싶다

지난주 광주시청 공무원으로부터 전화가 왔다. “폭염에 에어컨이 없어서(혹은 고장 나서) 힘든 장애인이 있는가요?” 행정에서 이런 전화를 받는 것은 이례적이었다. 반갑고 감사했다. 요즘 장애인 시설에 에어컨이 없는 곳은 없을 것이라 했다. 오히려 재가 장애인 가운데 사각지대가 있을 것이라며 한 시간 내에 다시 연락을 주기로 했다. 단체 카톡방에 올렸더니 바로 반응이 왔다. 서둘러 7명(가정)의 형편을 정리해서 보냈다. 모두가 수급자였고 에어컨이 없이 여름을 보내고 있는 분들이었다. 다시 두 시간쯤 지나서 선거법 위반의 소지가 있어서 추진이 어렵다고 연락이 왔다. ‘한여름 낮의 꿈’은 허망하게 끝이 났다.

그런데 며칠이 지나가도 머릿속에 남아있는 사람들이 있다. 잠을 잘 때도 기도할 때도 계속 생각이 난다. 오늘은 잠을 자야 하는데 이분들 생각에 사로잡혀 있다. 일가족 여섯 분이 주택에서 생활하는데 에어컨이 없다. 아버지는 정신장애인이고 어머니는 허리 통증으로 직장생활이 불가능하다. 아이가 네 명인데, 큰 딸아이는 지적장애가 있다. 좁은 공간에서 여섯 명이 삼복더위 속에서 살아갈 것을 생각하니 안타깝다. 한 번도 만난 적이 없는 그 가정의 안위를 빌었다. 실로암사람들과 내가 무엇을 할 수 있을지 찾아봐야겠다. 처음 에어컨 이야기를 듣고 기대했다가 실망했을 사람들이 눈에 밟힌다. 오늘 밤에는 에어컨을 켜지 않고 보내야겠다.

하루가 지났다. 아침에 재활병원 원목실 이형일 목사님에게서 전화가 왔다. 에어컨이 없는 가정에 대한 생각이 계속 마음에 남아있어서 지인들에게 모금을 해서 지원하고 싶다고 했다. 통화를 하면서 울컥했다. 하나님께서 우리에게 같은 마음을 주신 것이다. 장애인 가정에 시원한 바람을 선물하고 싶다. 에너지 바우처 지원이 있어도 사용할 수 없는 사람들이 있다. 함께 살아가는 사람들의 정을 나누고 싶다.

(2021.07.20)

산책길 기도(돌아오라 김홍빈!)

열대야가 며칠째 계속되고 있다. 삼복더위에 지쳐서, 몸 컨디션이 안 좋아서, 장염 때문에 일주일이 넘도록 저녁 운동을 쉬었다. 아파트 뒤 산책길과 불로어린이공원을 돌아오는 것이다. 장염이 좀 우선해지자 산책길에 나섰다. 일전에 가로등이 꺼져 있을 때는 몰랐는데 가로등 아래 수국이 마지막 인사를 건네 왔다. 루드베키아도 여전히 건재하고, 무슨 나무인가 궁금했던 녀석은 하얀 꽃송이를 피우고 있었다. 이름이 궁금해서 다음 포털에서 꽃 검색을 했더니 마가목 꽃일 확률이 38%라 한다.

어린이공원을 한 바퀴 돌고 나니 이마에 땀이 맺히기 시작한다. 다섯 바퀴째에는 땀이 줄줄 흘러내렸다. 오늘은 김홍빈 대장의 무사귀환을 기도하며 걸었다. 김홍빈 대장은 장애인 최초로 히말라야 8000m급 14좌 중 마지막인 브로드피크를 2021년 7월 18일 등정 성공 후 하산 도중 실종되었다.

김홍빈 대장은 전남 고흥 출신으로 나보다 한 살 어리다. 개인적인 친분은 없지만 공적인 자리에서 여러 번 인사를 나누었다. 그가 히말라야 등정을 이어갈 때마다 응원하는 마음과 자랑스러운 광주인이라는 생각이 점점 커져갔다. 광주시민들과 광주장애인체육회는 그의 무사귀환을 염원하고 있다. 하늘에는 아파트 불빛에 가려진 별들이 드문드문 빛나고 있다. 불가능에 도전하며 새로운 길을 열어온 김홍빈 대장이기에 희망을 건다. 그의 무사귀환을 간절히 바란다.

(2021.07.20)

더위를 날려버린 나눔 릴레이

말 그대로 불볕더위다. 이런 날엔 힘들게 살아가는 사람들이 더욱 힘들다. 이번 주간 일어난 감사한 일들을 나누고 싶다. 월요일 밤, 장염 증세가 있어서 일찍 누웠다. 나주에 사시는 이미숙 선생님이 실로암센터에 옷 몇 박스를 두고 간다고 했다. 옷가게를 하시는 분과 여기저기에서 모은 옷들을 정리해 오셨다. 이 옷들은 오방장애인자립생활센터를 통해 나누게 될 것이다.

그런데 쉬이 잠이 오지 않는다. 이럴 때는 글을 쓰는 게 상책이다. 생각의 흐름대로 따라가다 보니 지난주에 있었던 '한여름 낮의 꿈'이 생각났다. 삼복더위에 에어컨도 없이 온몸으로 더위를 받아내는 사람들에게 에어컨을 지원해 줄 뻔하다 무산된 일이 있었다.

그중에서 여섯 명이 생활하는 가정이 제일 눈에 밟혔다. 아버지와 큰 딸이 장애인이고, 아이들은 아직 어렸다. 주위에 몇 사람에게 말이라도 붙여서 시원한 바람과 나눔의 마음을 전하고 싶었다. 하나님의 긍휼 하심과 인도하심을 구하는 기도를 드렸다.

화요일 오전에 이형일 목사님에게서 전화가 왔다. 지인들에게 모금해서 에어컨을 후원하고 싶다고 했다. 마음 깊은 곳까지 은혜의 바람이 불어왔다. 곧바로 글을 완성하여 몇 분들에게 보냈다. 실로암밴드에는 7월 한 달 동안 이은선 자매의 치과치료를 위한 모금이 진행되고 있기 때문에 공지하지 않았다. 오후에 경기도 고양시에 사시는 김정희 사모님이 톡을 보내왔다. 카스에 올린 장경주 목사님 시집에 대한 글을 읽고 안부와 함께 시집 발행을 위해 마음을 보태주었다. "목회자셨던 부모님을 뵌 듯 마음에 와 닿았다"는 것과 "하나님의 걸작품 같은 해맑은 실로암 가족들"이라고 했다. 먼데서 온 희소식은 타는 목에 냉수와 같다. (잠언 25:25)

수요일 오전 7시, 광주기독교교단협의회(광교협) 복지분과 모임이 있었다. 조찬을 겸한 첫 모임이어서 개인 소개가 있었다. 갑자기 마음속에서 에어컨 이야기를 해야겠다는 생각이 몰려왔다. 말이 길면 잔소리가 되기 십상이어서 단체 톡방에 에어컨 이야기를 올리겠다고 했다. 회의를 마치고 나오는 길에 서정성 원장님(아이안과)이 한 가정의 에어컨을 후원하시겠다고 했다. 오후에 통장을 확인하니 만 하루만에 250만 원이 모였다. 이형일 목사님께 전화를 해서 놀라운 소식을 나누며 감사의 기도를 드렸다. 소박한 바람으로 시작한 것이 거대한 파도가 되어 우리의 마음을 기울이게 한다. 야근을 하며 이 글을 쓰고 있는데 전화가 왔다. 익숙한 목소리였다.

(2021.07.21)

나눔의 물결은 복날 더위에도 춤추게 한다

야근을 하고 있는데 전화가 왔다. 실로암사람들의 만형 전형도 선생님이었다. 본인도 한 가정의 에어컨을 후원하겠다고 했다. 평소에 장애인에게 넘치도록 나누며 사시는 분인데 이번에도 그냥 못 넘긴 모양이다.

에어컨이 있는데 안 켜는 것과 없어서 못 켜는 것은 천지차이라고 하시며 웃는다. 숨쉬기 조차 힘든 무더위는 온데간데없이 사라졌다. 실로암사람들에서 일어나고 있는 크고 작은 기적들을 바라보며 감사할 뿐이다.

집으로 가는 길에 운전대를 잡고 노래를 불렀다. "오 주여 당신께 감사하리라. 실로암 내게 주심을..."

집에 오자마자 식구들에게 하루 동안 일어난 일에 대하여 자랑을 했다. 그러나 그것으로 끝이 아니었다. 대학 후배인 정윤주 집사님으로부터 연락이 왔다. 딸이 서울의 제약회사 연구실에 취직했는데, 딸에게 권했더니 선뜻 응했다며 유쾌한 목소리로 전해왔다. 예전에도 엄마의 권유로 후원에 참여한 적이 있는 젊은이다. 힘든 시절에 딸이 좋은 회사에 취직한 것도 축하하며 축복했다. 부모 된 입장에서는 자식을 잘 키웠다 싶어서 부러웠다. 요즘 젊은이들이 쓸 데도 많을텐데 큰돈을 기부하는 것을 보면 아빠 엄마를 쏙 빼닮은 듯하다. 그리고 당신도 딸보다 더 많이 후원하겠다는 말을 전하며 전화를 끊었다.

나눔의 물결은 복날 더위에도 우리의 영혼을 춤추게 한다. 살면서 오늘을 추억하게 될 것이다. 1박 2일 동안 일어난 8월의 기적은 언젠가 힘든 순간에도 우리를 일으켜 세우는 능력이 될 것이다. 감사하고 감사하고 감사하다.

(2021.07.22)

영화 '노회찬 6411' 시사회에 다녀오다

고 노회찬 대표에 대한 영화 시사회에 갔다. 평소 그의 죽음에 대한 안타까움과 그만한 정치인에 대한 그리움이 발걸음을 이끌었다. 내일이 노회찬 대표 3주기다. 그사이 우리 정치는 후진을 계속하고 있어 그가 더욱 그립다. 영화 제목은 〈노회찬 6411〉이다. 평등하고 공정한 나라를 꿈꾸었던 노회찬 의원의 철학과 삶을 조명하는 다큐멘터리 영화다. 고 노회찬 대표의 목소리와 함께 영화가 시작되었다.

인간 노회찬의 진면목을 들여다볼 수 있는 지인들의 인터뷰가 이어졌다. 친근하면서도 신선한 면면들이 마음에 들어온다. 그동안 뉴스를 통해 보아 왔던 익숙한 장면들에 대한 기억도 되살아 났다. 특히 김종필이냐 노회찬이냐를 놓고 벌인 2004년 17대 총선은 지금도 생생하다.

어느 순간부터 눈물이 났다. 부인인 김지선 씨와 함께한 장면들이 지나갈 때는 시선을 어디에다 두어야 할지 몰랐다. 이 영화는 눈물샘만 자극하는 것은 아니다. 노회찬 대표 특유의 유머러스하고 촌철살인의 카타르시스와 토론의 장인다운 면모도 다시 확인할 수 있었다. 김어준의 파파이스 출연 장면은 압권이었다.

감동적인 장면 둘이 생각난다. 영화의 제목에 등장하는 "6411번 버스라고 있습니다"는 연설 장면이다. 새벽 4시, 4시 5분에 6411번 버스를 탄 사람들은 '이른 아침에 포도원에 일하러 가는 품꾼'을 연상시킨다.

존재하지만 보이지 않는 '투명인간'에 대해 자신이 가진 에너지를 남김없이 쏟아부었던 노회찬 대표의 삶 자체가 큰 감동이었다.

또 하나는 손석희의 jtbc 뉴스룸 앵커 브리핑이다. 동갑내기 손석희 앵커는 "노회찬은 '돈 받고 스스로 목숨을 끊은 사람'이 아니라 적어도 '돈 받은 사실이 끝내 부끄러워 목숨마저 버린 사람'"이라 했다. 요즘 그만한 정치인이 어디 있는가?

오늘 노회찬재단 회원으로 가입했다. 그가 남긴 "나는 멈추지만 당은 당당히 나아가라"는 말과 같이, 그를 대신할 수는 없어도 그의 삶과 정신을 기억하고 살아갈 수많은 '노회찬들'을 꿈꾼다. 영화 〈노회찬 6411〉은 오는 9월에 극장 개봉한다. 따뜻한 사람, 노회찬을 만나러 갈 사람 모여라.

(2021.07.22.)

영천 복숭아를 받고서

해마다 이맘때쯤 연락이 온다. "영천 복숭아 농장입니다." 더위에 지친 나를 응원하는 시원한 산들바람 같은 목소리다. 언제부터였는지는 잘 기억나지 않지만 5년은 넘은 듯하다. 페친인 강경식님의 소개로 실로암사람들에 복숭아를 보내오는 분이다. 한 해도 거르지 않았다. 멀리 경북 영천에서 보내온 복숭아는 맛도 일품이다.

자신의 것을 나눈다는 것은 생각보다 쉽지 않다. 더구나 일면식도 없는 장애인 단체를 한두 번도 아니고 지속적으로 후원한다는 것은 특별한 은사다. 복숭아 열매를 수확하기까지 백 번의 땀을 흘려야 한다는데... 감사할 뿐이다. 올해에는 토요일에 택배를 받아서 실로암센터 가까이 살아가는 분들과 나눴다. 여름 보약이라는 복숭아의 은근한 향에 사람의 향기가 더해지니 더욱 감동이다. 언젠가 영천을 지나가게 되면 꼭 만나고 싶다. 늘 건강하고 평안하길 빈다.

(2021.07.24)

돌봄의 경계를 허물자

장애인 활동지원서비스 사각지대 해결방안을 모색하는 정책토론회가 열렸다. 사회적 거리두기 3단계 격상으로 인해 비대면으로 열렸는데 유튜브 생중계에 400명 이상이 참여했다. 예상했던 것보다 훨씬 뜨거운 반응을 보였다. 2018년 광주광역시 복지협치 기본 조례가 제정되면서 복지협치위원회가 구성되었다. 복지협치 조례는 사회복지 분야의 의제 발굴 및 정책 입안, 예산 수립 및 시행, 정책 평가 및 반영 등을 통해 민관정 협치를 목적으로 제정되었다. 나는 제2기 광주복지협치위원회 장애인분과 위원으로 참여하고 있다.

연 초부터 2022년 장애인정책에 반영할 의제를 정하고 예산을 확보하기 위한 논의를 시작했다. 장애인분과에서는 활동지원서비스 사각지대를 해결하는 것을 주요 의제로 선정하였다. 그리하며 민관정이 정책토론회를 통해서 해법을 모색하는 자리를 마련한 것이다.

발제를 맡은 정희경 교수는 돌봄의 경계를 허물어야 한다고 강조했다.

한국은 GDP 대비 공공사회복지지출 비중이 OECD 회원국 36개 중 35위로 나타났다.(2018년) 올해 한국은 공식적으로 국제사회에서 선진국으로 인정받았다. 그런데 선진국이라 불리는 국가들에서는 돌봄 정책에 경계가 없다. 시설과 지역, 복지와 보건, 장애인과 환자, 장애인과 노인의 경계가 없는 것이다.

이번 정책토론회에는 활동지원서비스 이용자들의 사례발표가 있었다. 조재한 씨는 24시간 활동지원서비스가 필요한데 그동안 가족이 부족한 시간을 메워왔다. 언제까지 가족의 짐이 되어 살아가야 할까? 밤마다 혼자 있는 시간에는 삶과 죽음의 경계에서 불안한 시간을 보내야 한다.

전계구 씨는 작년 말에 만 65세가 되어 월 421시간을 이용하던 활동지원서비스 수급자격이 박탈되고, 장기요양서비스로 전환되어 월 78시간을 이용하고 있다. 현재는 장기요양 3등급을 받아 월 78시간의 장기요양서비스와 월 240시간의 활동지원서비스를 받아 총 318시간의 급여를 받고 있다. 65세 이전과 비교하면 103시간이 줄어들었다.

토론회 좌장을 맡은 최미정 시의원은 이용인들의 사례를 듣고 여러 차례 울먹였다. 2008년에 제도화된 활동지원서비스는 현재 장애인복지 서비스 중 가장 만족도가 높다. 중증장애인의 삶의 질 향상에 결정적인 요인이기도 하다. 지금부터 광주에서부터 돌봄의 경계를 허물자.

(2021.07.27)

인화대책위 농인들이 광주시장상을 받다

인화대책위 활동을 했던 농인들이 모였다. 2005년 6월에 인화학교 성폭력대책위가 구성되어 활동했으니 16년이 되었다. 당시 인화대책위에 광주농아인협회는 불참했지만 인화학교 총동문회 농인들이 대책위에 참여했다. 농인들은 400일이 넘는 광산구청과 교육청, 법원 앞, 터미널 앞 천막농성장에서도 가장 적극적으로 함께 했다.

오늘 인화대책위 농인 7명이 광주광역시장 표창장을 받았다. 인화대책위 활동을 통해 농인의 인권증진에 기여한 공로를 인정받은 것이다. 서울에 살면서도 수시로 광주에 내려와서 함께 했던 분도 있었다. 물론 서울에서 도가니 관련 재판이 열릴 때는 인화학교 동문들과 함께 방청했다. 어떤 분은 가족들에게 혼이 나면서도 연대활동의 끈을 놓지 않았다.

농인들은 인화학교를 다니면서 자신들이 경험했던 문제들이 바탕에 깔려있었다. 고등학교 과정을 다녔지만 미인가 과정이어서 가짜 졸업장을 받은 분들도 있었다. 시청 앞에서 시위를 할 때 도가니 문제에 대하여 방관하고 있던 박광태 시장이 연설하던 단상에 생수병을 던지는 바람에 폭력(?) 시위로 내몰려 자진 해산했던 주인공도 있었다.

올해 초에 광주시 장애인복지과에 시장상을 건의했다가 6개월만에 이루어진 것이다. 그동안 여러 모양으로 애써주신 최선영 과장님, 송숙란 계장님 등 장애인복지과 직원들께 감사한다. 인화대책위에 함께했던 농인들이 앞으로 장애인 수련시설과 농인복지관이 만들어졌을 때 의미 있는 역할로 참여할 수 있었으면 좋겠다.

(2021.07.28)

존중과 기억에 대하여

2021년 실로암사람들 합동추모식이다. 생전에 회원으로 함께하다 별세하신 분들의 삶을 실로암사람들의 이름으로 기억하며 추모하는 날이다. 실로암사람들은 누구든지 살아서는 존중받으며, 죽어서는 기억되는 삶이 되기 원한다. 합동추모식은 실로암 공동체에서 특별한 의미를 갖는다.

45년의 시간을 채워온 소하고 순한 사람들의 삶과 죽음을 기억하며 미래의 좌표를 정조준하는 시간이다. 산 자와 죽은 자, 현재와 과거를 잇는 믿음과 소망의 자리다.

홍선영(11주기)_평생 시를 쓰며 들꽃처럼 살았던 자유인이었다.
장성아(8주기)_억압 속에서 살다가 죽어서야 비로소 사람이 되었다.
윤정재(6주기)_있는 듯 없는 듯 호기심 많고 해맑은 청년이었다.
이성민(6주기)_환한 미소로 동생들을 챙기는 4남매의 맏형이었다.

곽정숙(5주기)_장애가 능력이고 장애인이 아름답다는 것을 삶으로 보여 주었다.
최명자(5주기)_그녀의 삶과 시는 진주조개의 눈물이었다.
이육남(3주기)_수줍은 듯 화려함을 꿈꾸는 작약꽃을 닮았다.
임승기(3주기)_탈시설 자립생활을 통해 새 시대를 여는 물맷돌이 되었다.

김종문(2주기)_실로암사람들의 부흥을 이끈 최고의 찬양인도자였다.

권종대(2주기)_실로암사람들의 오늘이 있게 한 신실한 믿음의 용사였다.

김안중(2주기)_실로암사람들을 가장 사랑한 아낌없이 주는 나무였다.

김종근(2주기)_중도장애로 인해 좌절된 꿈 너머 자유를 꿈꾸며 살았다.

돌아보면 온통 그리움이다. 환한 미소와 따스한 온기는 손에 잡힐 듯 그대로다. 함께했던 시간과 공간에 묻어있는 추억들이 울게 하고 웃게 한다. 당신들의 이름과 삶을 기억하는 것은 남은 자의 몫이다.

(2021.07.29)

'소하고 순한 믿음에 관하여'에 대하여

동생이 쓴 책이다. 늘 동생에게는 야박한 점수를 주는 형이지만, 이 책은 흐뭇하다. 신앙은 앎과 삶의 연속이다. 삶을 통해서 고백되지 않은 신앙은 내것이 아니다. 내것이 아닌 믿음은 우상이다.

이 책은 신앙에 대한 새로운 이론이 아니라 지금, 여기에서 나 자신의 생명과 삶에 관한 묵상이요 고백이다. 이 땅에서 순례자로 살아가는 이들에게 촌철활인(寸鐵活人)의 샘물같은 책이다.

(2021.07.30)

경원의 새로운 길을 응원한다

오방장애인자립생활센터 박경원 간사가 7월 31일 자로 퇴직하였다. 2019년 3월부터 탈시설 자립생활 코디네이터로 일해 왔으니 2년 5개월 동안 함께했다. 하지만 박경원 간사가 실로암과 함께한 지는 더 오래되었다. 첫 만남은 2015년 3월 이팝너머의 공익요원으로 만났다. 2년 동안 이팝너머 이용인들과 직원들의 사랑을 독차지했다. 2015년 세월호 참사 1주기 피켓팅에 참여하였다는 이유로 복무기간이 연장될 뻔한 일도 있었다. 청캠에서는 가족장으로, 하나된소리 공연에서는 연극에 참여하기도 했다. 복학해서 사회복지를 복수 전공했다. 대학 졸업을 하면서 오방장애인자립생활센터에 스카우트되었다. 졸업하면 실로암사람들에서 일하기로 한 약속을 지킨 셈이다.

박경원 간사는 열정과 실력으로 최고의 코디네이터로 인정받았다. 일하는 동안 20여 명이 탈시설 완전 자립을 했다. 이는 광주지역 자립생활센터의 최고의 지원실적이다. 오방장애인자립생활센터가 2021년 국시비 지원을 위한 평가에서 선정되는 밑거름이 되었다.

이제 새로운 길을 가려한다. 20대의 절반을 함께한 실로암사람들과 기억들이 앞으로의 삶에 자양분이 되리라 생각한다. 지금처럼, 지금보다 더 멋진 모습으로 함께할 날들을 기대한다. 듬직한 박경원 간사의 새로운 길을 응원한다.

(2021.08.01)

실로암센터의 그릇과 도배 이야기

실로암센터 1호관에 새 그릇이 생겼다. 그동안 25년 전쯤 실로암 캠프를 위해 장만했던 그릇을 써왔다. 당시 여름캠프에 취사 봉사를 해오던 오영숙 권사님이 후원한 것이다. 매년 캠프 때마다 이불이며 그릇 등 취사도구를 챙겨서 캠핑(?)처럼 했던 때의 일이다.

10여 년 전부터는 캠프 참여인원도 줄고 식사도 매식(買食)을 하고 있다. 그나마 코로나19로 인해 작년부터는 청캠을 열지 못했다. 25년 전에 구입한 그릇은 장애인 공동생활가정 등 부설기관을 오픈할 때마다 유용하게 사용해 왔다. 집안 살림 가운데 제일 귀한 것이 그릇이다. 새 그릇을 장만해두고는 제대로 쓰지도 못하고 보물처럼 쌓아두었던 어머니의 마음이 떠오른다. 이번 실로암센터 새 그릇은 가정상담소 김민선 소장과 김미숙 국장이 후원한 것이다. 다들 새로운 그릇에 식사를 하니 더 맛있다고 한다.

실로암센터의 복도와 회의실도 지난 4월 초에 새단장을 했다. 나주에 사시는 이미숙 님이 후원한 것이다. 자신이 사는 집의 이사를 준비하면서 실로암센터가 마음에 걸렸던 모양이다. 환한 복도를 지날 때면 감사의 기도를 드리게 된다. 섬김과 나눔은 무더위도 무장해제시킨다. 윈스턴 처칠은 "우리는 일함으로 생계를 유지하지만 나눔으로 인생을 만들어 간다"라고 했다. 실로암사람들은 향기 나는 삶을 살아가는 이들이 있기에 여기까지 왔다. 주님께서 후히 갚아주시기를 빈다.

(2021.08.03)

경쟁이 아닌 권리로 보장하라

활동지원서비스는 중증장애인의 존엄한 삶을 위한 필수품이다. 광주시도 활동지원서비스와 관련하여 다양한 의견이 분출되고 있다. 현재 가장 핫한 이슈를 정리해 보자.

1. 시 추가시간 확대를 통해 파이를 키워야 한다.

국가가 지원하는 급여량과 더불어 지자체별 추가급여 지원이 가능하다. 그런데 광주시는 2018년부터 시 추가시간이 확대되지 않고 있다. 기존에 이용인에 대한 시 추가시간은 현상 유지를 하고 있지만 신규 이용인은 국가 지원시간만 받고 있다. 2022년에는 그동안 광주시 추가시간을 받지 못한 사람들에게도 제공해야 한다. 아울러 시 추가시간 분배 방식과 관련해서도 공론화하여 필요한 사람들에게 적절하게 지원될 수 있도록 해야 한다.

2. 24시간 활동지원서비스 이용인을 늘려야 한다.

광주시에서 현재 24시간 활동지원서비스를 이용하는 사람은 18명이다. 민선 5기 강운태 시장이 10명을 약속했고, 민선 6기 윤장현 시장이 20명까지 확대하겠다고 했다. 민선 7기 이용섭 시장에 들어와서 단 한 명의 예산도 확대되지 않았다. 적어도 이용섭 시장의 임기 내에 30명까지 확대해야 한다. 24시간 활동지원서비스는 '경쟁이 아닌 권리'로 보장되어야 한다.

3. 65세 도래자에 대한 지원 대책을 마련해야 한다.

그동안 활동지원서비스를 이용하다가 만 65세가 되면 장기요양

급여 심사를 의무적으로 받아야 하고 장기요양 등급이 나오면 강제적으로 서비스 전환이 이루어졌다. 올해부터 65세 도래자가 활동지원 급여량에 비해 장기요양 급여량이 60시간 이상 감소한 경우에만 급여량의 일부를 활동지원서비스로 지원할 수 있게 되었다. 장애인활동지원에 관한 법률을 개정하여 만 65세 도래 시 노인장기요양보험과 장애인활동지원제도 중 본인의 특성에 따라 선택하도록 해야 한다. 법 개정 이전에는 광주시에서 현재 활동지원서비스를 받고 있는 사람의 급여량이 그대로 유지될 수 있도록 대책을 마련해야 한다.

4. 65세 미만 장애인은 장기요양서비스에서 활동지원서비스로 전환 신청이 가능해야 한다.

2017년 광주지방법원은 노인장기요양급여 수급자에게 활동보조급여를 제공하지 않는 장애인활동지원법 제5조 제2호에 대하여 헌법재판소에 위헌법률 심판을 요청하였다. 헌법재판소는 2020년 12월 23일 재판관 전원일치 의견으로, 헌법에 합치되지 아니한다는 결정을 선고하였다. 올해 4월 광주지법은 북구청에 활동지원서비스를 제공하라는 판결을 내렸고, 황신애 씨는 6월부터 활동지원서비스를 이용하고 있다.

전국에는 3만 명이나 되는 '황신애들'이 존재한다. 어떤 서비스를 먼저 받았느냐에 따라서 장애인의 운명이 결정되는 것이다. 2022년 말까지 법 개정만을 기다리기에는 너무나 힘들다. 공익변호사와 함께하는 동행을 통해 '황신애들'의 사례를 모아서 광주시에 행정심판을 청구할 것이다. 돌봄 서비스 전환 신청의 빗장을 열어젖히자.

(2021.08.04)

바오밥나무 족자를 선물받다

슬로시티 창평에 숨은 명소가 있다. 싱어송라이터 박강수 님이 운영하는 '소통' 카페다. 어린 시절을 창평에서 보낸 박강수 님이 몇 해 전부터 창평에 내려와 살면서 카페와 유튜브 '박강수tv' 채널을 운영하고 있다.

가수 박강수 님을 처음 만난 것은 2009년 '희망의 도가니' 공연을 통해서였다. 이후 2011년 카페홀더를 오픈하면서 홍보대사로 위촉되어 일일점장 등 사회공헌 활동을 이어오고 있다. 특히 도가니 영화를 보고 본인이 작사, 작곡, 노래한 기획음반 〈말하지 않아도 들리지 않아도〉를 제작하여 카페홀더를 응원하기도 했다.

가까이 살고 있는 덕분에 작년에는 랜선으로 진행된 골목길음악회와 하나된소리 공연에 출연하였다. 내강평송 릴레이를 할 때에도 박강수표 '내게 강 같은 평화'를 불러 실로암사람들을 응원해 주기도 했다.

오늘은 카페홀더 직원들과 소통카페를 방문했다. 진작부터 카페홀더에서 드립백을 판매할 것을 강추해 주었기에 매니저들이 궁금한 것들을 묻고 현장을 둘러보는 시간을 가졌다. 그동안 카페홀더도 사회적기업으로 생산품을 납품하는 일을 해 보고 싶었으나 적당한 품목이 없어서 고민하던 터였다. 머지않아 카페홀더표 드립백이 출시될 것이다. 박강수 님께 특별한 선물을 받았다. 두 차례 아프리카 섬나라 마다가스카르에 가서 직접 찍은 바오밥나무 사진 족자다. 바라만 보고 있어도 기분이 상쾌해진다. 바오밥나무처럼 한결같은 우리들의 스타 박강수 님께 감사한다. (2021.08.04)

그는 우리들의 대장이었다

산악인 김홍빈 대장이 히말라야에 잠들었다. 그에게는 불굴의 산악인이라는 수식어가 붙었다. 산이 좋아서 30년 동안 산을 찾았던 그는 그 산에 영원히 묻혔다. 그의 영정 앞에는 체육훈장 청룡장이 놓여 있었다.

그는 중도(中途)에 장애인이 되었다. 1991년 북미 알래스카 매킨리(6,194m) 등반에서 손에 동상을 입어 열 손가락을 잃었다. 병원에서 3개월 동안 7번의 수술 끝에 손가락을 절단했다. 퇴원하고 한 달 후부터 다시 산을 찾았다.

김홍빈 대장은 도전과 희망의 아이콘이다. 1997년부터 세계 7대륙 최고봉 등정에 도전하였다. 2009년 남극 최고봉인 빈슨매시프(4,897m) 정상에 올라 마침내 11년에 걸쳐 7 대륙 최고봉 완등의 마침표를 찍었다.

그의 도전은 거기서 멈추지 않았다. 2021년 7월 18일, 브로드피크(8,047m) 정상에 올라 장애인 세계 최초 히말라야 8,000m급 14좌 완등의 기록을 세웠다. 기쁨도 잠시, 하산하던 중 7,900m 지점에서 조난을 당했다. 러시아 산악인 비탈리 자조에 의하면 김 대장은 14시간 동안 벼랑에서 버티어냈지만 구조 도중 절벽 아래로 추락했다고 한다.

김홍빈 대장은 맑고 겸손한 분이었다. 오래전부터 그를 아낌없이 지원했던 윤장현 시장님과 김갑주 형과도 절친이었다. 많은 사람의 도움을 받았기에 다른 사람에게 돌려주며 살고 싶어 했다. 그가 쓴 글에는 장애인이 된 후 삶이 잘 드러나 있다.

손(Hand) / 김홍빈
두 손이 있을 땐/ 나만을 위했습니다//
두 손이 없고 나서야/ 다른 사람이 보였습니다//
도움이 필요한 만큼/ 도움을 주고 싶었습니다//
보이지 않은 새로운 손이 그렇게 말합니다// -남극에서

우리들의 대장, 김홍빈 대장이 보여준 용기와 도전을 잊지 않겠다. 그토록 사랑했던 산의 품에서 편히 잠드시길.

(2021.08.05)

민주유공자법 제정하라

한현우 집행위원장에게서 연락이 왔다. 서울이라고 한다. 안부를 물었더니 전국민족민주유가족협의회 부모님들과 '민주유공자 예우에 관한 법률'의 제정을 위해 활동하고 있단다. 그러면서 인증샷을 부탁해왔다.

한현우를 처음 만난 것은 인화학교 성폭력대책위를 통해서다. 광주에서 추모연대와 진보연대에서 활동하던 그를 윤민자, 박찬동에 이어서 2011년 인화대책위 집행위원장을 맡았다. 한현우 집행위원장은 기자회견은 물론 법원 앞 노상 단식농성, 가해자들에 대한 재판 등 힘든 일을 앞장서서 감당했다.

치열했던 대책위 활동이 지나고 벌써 상당한 시간이 흘렀다. 하지만 피해자들과 함께 울고 웃으면서 서로 기대어 지내왔던 기억은 여전하다.

그가 한여름 무더위 속에서 소식을 전해온 것이다. 미안한 마음이 들면서도 마음속으로부터 안도감과 든든함이 밀려왔다.

우리 사회는 박종철, 이한열 열사 등 민주화 운동 과정에서 돌아가신 열사들께 큰 빚을 지고 있다. 민주유공자법 제정은 군부독재와 맞서 싸우다 죽어간 열사들에 대한 최소한의 예우이고, 나아가 왜곡된 역사를 바로 세우는 일이다. 민주유공자법 제정을 촉구하는 인증샷은 앞장서서 애쓰는 분들에 대한 응원이다. 적극적인 관심과 참여를 부탁드린다.

(2021.08.09)

세 권의 시집은 선물이요 감사다

광주대광교회는 제게 참 좋은 날들이었다. 그때 꾸었던 꿈, 함께 불렀던 노래, 아름다운 사람들이 내게는 보물처럼 소중하다. 장경주 목사님은 대학생 때 만나서 교육전도사 시절까지 신앙을 지도해주신 분이다.

지금 생각하면 부족한 나를 많이 감싸주시고 기다려주셨다.

재작년 7월, 문성진 사모님의 장례식에서 장 목사님의 조시(弔詩)는 깊은 울림을 주었다. 초가을 어느 날 장 목사님께 시(詩)를 쓰셨으면 좋겠다는 부탁을 드렸다. 다음 해 설날 즈음 목사님을 만났을 때 달력 뒷장과 이면지에 쓴 원고 뭉치를 받았다. 컴퓨터에 입력하면서 몇 번이고 울다가 웃었다.

2020년 9월, 첫 시집 『당신과 함께여서 행복했습니다』를 출판하였다. 비용은 광주대광교회에서 함께했던 이들이 마음을 모았다. 그동안 장 목사님께 진 사랑의 빚을 조금 덜 수 있었다.

올해 유채꽃이 만발하던 때 장 목사님께 두 번째 원고 뭉치를 받았다. 시집 두 권을 만들 만큼의 분량이었다. 다행히 장 목사님은 건강하게 지내며 바지런히 시를 써 오셨던 것이다. 출판을 준비하며 카스에 올린 글을 보고 경기도에서 사역하시는 김정희 사모님이 톡을 보내왔다. "목회자셨던 부모님을 뵌 듯 마음에 와닿았다"라며 후원까지 해주셨다.

드디어 두 권의 시집이 나왔다. 『시가 되어버린 당신』, 『나는 말하듯이 詩를 쓴다』는 선물이요 감사다. 장경주 목사님의 삶과 믿음이 오롯이 담겨있어서 한 편씩 읽어가는 재미가 쏠쏠하다. 앞으로도 오랫동안 향기로운 시편들이 이어졌으면 좋겠다. 이번에도 함께 마음을 모아주신 소중한 분들께 감사한다.

(2021.08.10)

이제 여순사건을 재조명하자

2021년 6월 29일, 여순사건 특별법이 제정되었다. 여수·순천 10·19사건 진상규명과 희생자 명예회복에 관한 특별법(여순사건 특별법)은 "여수·순천 10·19사건에 대한 진상을 규명하고 이 사건과 관련된 희생자와 그 유족의 명예를 회복시켜줌으로써 민주주의 발전 및 국민화합에 이바지함을 목적"으로 한다. 실로 73년 만이다.

어린 시절 여순사건은 금기어였다. 고향인 벌교도 여순사건을 비껴가지 못했던 것이다. 그것도 '여순반란사건'이라 불리었다. 한참 시간이 지나고 나서야 외삼촌이 여순사건 때 돌아가셨다는 것을 알게 되었다.

여순사건 특별법에서는 "여수·순천 10·19사건이란 정부 수립의 초기 단계에 여수에서 주둔하고 있던 국군 제14연대 일부 군인들이 국가의 '제주4·3사건' 진압 명령을 거부하고 일으킨 사건으로 인하여, 1948년 10월 19일부터 지리산 입산 금지가 해제된 1955년 4월 1일까지 여수·순천지역을 비롯하여 전라남도, 전라북도, 경상남도 일부 지역에서 발생한 혼란과 무력 충돌 및 이의 진압과정에서 다수의 민간인이 희생당한 사건"이라고 규정하고 있다.

여순사건의 핵심은 공산주의자들의 책동과 음모에 의한 반란이 아니다. 제주 4·3사건을 진압하라는 명령을 거부하며 동족상잔 결사반대, 미국 즉시 철퇴를 요구하며 봉기를 하였다. 진압군은 김백일, 백선엽 등 만주군 출신 장교들이 주도했는데, 이 과정에서 수많은 민간인들이 잔혹하게 희생되었다. 이승만 정부는 여순사건을 계기로 1948년 12월 국가보안법을 제정하였다.

여순사건 특별법 시행은 2022년 1월 21일이다. 이제 시작이다. 어머니는 지금도 여순사건 때 돌아가신 오빠를 생각하면 몸서리를 친다. 여순사건을 반성적으로 재조명하여, 뒤틀린 역사를 바로잡고 발전적 미래를 모색할 수 있길 간절히 소망한다.

(2021.08.29)

버럭공주가 돌아왔다

실로암사람들에는 공주가 참 많다. 웬만하면 공주여서 족보를 따지는 것은 무의미한 일이다. 그중의 자칭 '버럭공주'가 있다. 오늘은 정성을 다한 끝에 버럭공주를 목요모임 라이브 방송에 모셨다.

버럭공주는 한동안 실로암사람들을 주름잡았던 손소영 회원이다. 그녀는 6살 때 교통사고로 장애인이 되었다. 1991년, 15살 되던 해에 실로암재활원(현, 이팝너머)으로 오게 되어 실로암사람들의 일원이 되었다. 당시 실로암재활원에 살던 센 언니들 사이에서 귀염둥이 막내로 사랑을 독차지했다. 그녀는 청각장애가 있는 남동생 때문에 수어를 배우게 되었다. 초대 단장을 맡은 김창호 형제와 그녀가 중심이 되어 실로암수화찬양단이 만들어졌다. 수화찬양단 활동을 할 때 그녀는 별처럼 반짝반짝거렸다. 또한 글이면 글, 운동이면 운동 등 달란트가 많았다.

라이브방송을 준비하던 중 스무 살 소영이 쓴 글을 오병이어 글모음에서 발견하였다.

〈못하면〉

"오늘 감사하지 못하면/ 내일 감사하지 못하고/ 지금 기뻐하지 못하면/ 후에 기뻐하지 못하며/ 지금 찬양하지 못하면/ 항상 찬양하지 못한다.

오늘을 감사하라/ 내일도 주시리라/ 하루를 기뻐하라/ 영생을 얻으리라/ 항상 찬양하라/ 살아 있으리라." (1996.08.22)

소영은 실로암밴드의 대세다. 신일권 회원과의 댓글 케미도 볼

만하다. 8월 17일, 실로암밴드 커버에 올라온 그녀의 사진에 무려 245개의 댓글이 달리기도 했다. 고향과 같은 실로암사람들을 다시 들었다 놨다 하기 시작했다.

현재 소영은 한 남자의 아내로, 두 아이의 엄마로 살고 있다. 아들 민혁은 11월에 군입대를 앞두고 있고, 딸 민지는 초등학교 3학년이다. 식구들 모두 건강하고 평안하길 기도한다. 넘치는 에너지로 지금까지 살아온 삶보다 앞으로 살아갈 삶이 더욱 빛나기를 응원한다.

(2021.09.02)

재한이의 새로운 삶이 기대된다

재한아 축하한다. 드디어 활동지원 24시간 서비스의 길이 열렸구나.

정말이지 기쁨을 감출 수가 없다. 그동안 재한이 네가 살아온 삶이 있었기에 가능한 일이라 생각된다.

재한아, 너를 처음 만났을 때가 생각난다. 2008년 오방센터가 두암타운 사거리에 터전을 잡으면서 함께 하자고 부탁했었다. 넌 친구인 대근에게 "김 목사의 이데올로기가 뭐냐?"라고 물었지. 나의 이데올로기는 '장애인'이다. 장애인이 인간답게 살아가는 것이 내 삶과 일의 이유다.

그동안 광주장차연과 함께 장애인권 현장에서 투쟁했던 기억들이 생생하다. 특히 2010년 장콜 투쟁을 하면서 강운태 시장 관용차 밑으로 기어들어간 일은 벌써 전설이 되었다. 생각해 보면 대근, 경한, 재한 트리오가 함께 투쟁했을 때 거침없이 전진했던 것 같다. 이후 건강 등의 이유로 세 사람 모두 투쟁의 일선에서 물러나게 되어 아쉽다. 나와 광주의 장애인들은 세 사람에게 일정하게 빚을 지고 있다고 생각한다. 온 몸을 던져서 싸웠기에 광주의 장애인권이 한걸음씩 나아온 것이다. 이번 일로 그 빚의 일부를 갚은 것 같아서 다행이다.

재한아, 이제 삶과 죽음의 경계에서 벗어날 수 있게 되었구나. 네 말대로 아름다운 세상 구경도 해야지. 꽃이 피고 지는 것, 바람과 바다와 하늘이 들려주는 이야기도 들어보자. 앞으로 네가 써 내려갈 삶의 이야기가 기대된다. (2021.09.10)

뒷걸음친다고 느껴질 때는 하늘을 보라

보름만이다. 코로나 백신 접종과 비를 핑계로 게으름을 피워오다가 선선한 바람에 이끌려 산책길에 나섰다. 그사이 여름 꽃들은 서둘러 자취를 감췄다. 숨은 그림 찾기 하듯 발견한 장미와 수국은 반갑다. 어린이공원을 덮고 있던 기다란 풀들은 벌초하듯 깨끗이 정돈되어 있다. 잘려나간 풀냄새가 바람에 실려 진하게 풍겨났다. 오늘 밤의 주인공은 귀뚜라미다. 끝없이 이어지는 녀석들의 울음소리에 가을이 왔음을 새삼 확인한다.

역시 운동은 습관이다. 오랜만에 걷다 보니 금방 숨이 차오른다. 자신의 속도에 맞춰 걷다가 문득 떠오르는 생각에 빙긋이 웃는다. 나는 분명히 앞으로 가고 있는데 주위 사람들을 쳐다보면 뒷걸음질을 치는 것 같다.

세상사가 그럴 것이다. 자신의 길을 가다가 누군가를 바라보면 작아질 때가 있다. 주위 사정에 일희일비하지 않고 묵묵히 자신의 길을 가는 자는 행복자이다. 하늘을 보면 그것이 가능할 것이다. 추석 연휴를 앞두고 있다 보니 눈에 밟히는 사람들이 있다. 명절이면 더욱 뒷걸음치는 기분이 들 텐데 안부라도 물어야겠다. 코로나19라는 핑계로, 바쁘다는 핑계로 여기까지 왔다. '핑계로 성공한 사람은 김건모뿐'이라는 모 대선후보의 말처럼 핑계 대지 말자. 빰을 스치는 바람의 서늘함이 참 좋다.

(2021.09.12)

장애는 힘들어도 생은 빛나야 하지 않겠는가?

광주지방법원 앞에서 의미 있는 자리가 있었다. 사회서비스(활동지원서비스) 변경 신청 거부처분 취소 촉구 기자회견이었다. 박영환(서구), 김대덕(북구) 두 분의 활동지원서비스 이용과 관련된 행정소송을 시작한 것이다.

이 일은 황신애 씨에게로 거슬러 올라간다. 황신애 씨는 2015년 여름부터 활동지원서비스를 이용하고 싶어 했다. 하지만 이미 노인장기요양등급을 먼저 받았다는 이유로 활동지원서비스 이용은 불가능했다. 문제는 장애인활동지원법 제5조 제2호 때문에 이용신청이 불가능했다.

2016년 12월, 행정소송(광주지방법원)을 시작하였다. 2017년 4월, 위헌법률심판 제청신청을 하였고, 7월에 위헌제청을 결정하였다. 공개변론을 거쳐 2020년 12월 23일, 헌법불합치 결정을 하였다. 지금 생각해도 감동이다. '공익변호사와 함께하는 동행'과 전국의 공익변호사 그룹이 이끌어낸 쾌거였다.

황신애 씨는 2021년 6월부터 활동지원서비스를 이용하고 있다. 본인의 말로는 새로운 세상이 열렸다고 한다. 자신만 이렇게 살아가는 것이 죄송해서 일인시위라도 하고 싶다고 했다. 65세 미만 장애인 중 장기요양서비스에서 활동지원서비스로 전환하지 못하는 장애인이 3만 명이나 된다. 오늘은 3만 명 중 두 분이 행정소송을 제기한 것이다. 박영환 씨, 김대덕 씨뿐 아니라 황신애 씨도 함께하여 마음을 모아 주셨다. 이번 행정소송도 '공익변호사와 함께하는 동행'에서 지원하고 있다. 얼마나 든든한지 말로는 표현할 길이 없다.

김대덕 씨는 내년 초까지 소송 결과가 나오지 않으면 만 65세 규정에 걸려 활동지원서비스 이용대상에서 제외된다. 어쩌다 장기요양서비스를 이용하였다는 이유만으로 다시는 활동지원서비스를 이용하지 못하게 하는 것은 장애인의 권리를 과도하게 제한하는 것이다.

"장애는 힘들어도 생은 빛나야 하지 않겠습니까?" 장애인활동지원법 제5조에 대한 헌법불합치 결정을 이끌어낸 황신애 씨의 바람이다. 광주지방법원과 서구청, 북구청의 신속한 결정을 촉구한다. 박영환, 김대덕... 두 분도 자신의 꿈을 현실에서 이루어가는 날이 오기를 기대한다.

(2021.09.16)

장애인에게 행복한 노후가 있을까?

추석 명절을 보내며 국민연금이란 뉴스에 관심이 간다. 예전에는 남의 일처럼 여겨졌던 일들이 나이가 들면서 피부에 와닿는 것들이 있다. 정년퇴직, 건강검진, 국민연금... 국민연금 의무가입이 만 60세이니까 딱 2년이 남았다. 내 또래인 1963년생은 만 63세부터 국민연금 수령자가 된다.

사오정, 오륙도라는 말이 있다. "40~50대면 정년퇴직, 50~60대가 되어도 일하고 있으면 도둑"을 줄인 말이다. 웃픈 이야기다. 60대 이후 장애인의 삶은 건강과 빈곤의 악순환이 기다리고 있을 것이다. 군인연금이나 공무원 연금과는 달리 국민연금 가입자가 받는 노령연금은 노후의 삶을 보장하기에 턱도 없다.

실로암사람들 회원 가운데 국민연금에 가입한 장애인이 드물다. 기초연금으로도 기본적인 삶이 보장되어야 한다. 20대 대통령 후보 공약 가운데 기초연금에 대해 꼼꼼히 확인해야겠다.

2018년에 개봉한 장혜영 감독의 〈어른이 되면〉이란 영화가 생각난다. 발달장애인이 주인공인 영화로 '무사히 할머니가 될 수 있을까'라는 노래가 나온다. "무사히 할머니가 될 수 있을까 죽임 당하지 않고 죽이지도 않고서 굶어 죽지도 굶기지도 않으며 사람들 사이에서 살아갈 수 있을까." 장애를 가진 사람들이 무사히 할머니, 할아버지가 되어 노후를 보낼 수 있을까?

(2021.09.22)

신임 최강님 이사님과 행복한 동행을 기대한다

추석 연휴가 지나자마자 임시총회로 모였다. 비대면 줌(zoom) 회의였지만 오랜만에 만난 반가운 얼굴들을 대하니 기쁘고 감사하다. 줌의 최강자는 이지숙과 박정혜였다. 화통한 말과 필살기인 화통한 웃음은 언제 들어도 기분이 좋아진다. 임시총회를 통해서 새로운 이사가 선임되었다.

최강님 이사는 광주새순교회 권사이며 지역아동센터 광주지원단장이다. 그동안 오방장애인자립생활센터 운영위원으로 함께해 왔다. 오랫동안 사회복지 현장에서 실로암사람들에 대한 신뢰가 컸던 것이 계기가 되었다. 신임 최강님 이사님과 실로암사람들의 행복한 동행을 기대한다.

임시총회를 마치고 홀가분한 마음으로 퇴근을 했다. 그동안 게으름을 부린 탓인지 요즘 컨디션이 좋지 않았다. 규칙적인 운동이 답인지 알기에 집에 오자마자 운동복으로 갈아입었다. 산책길에 느끼는 선선함이 참 좋다. 하늘이 높아지고 별들도 총총한 걸 보면서 가을을 실감했다.

9월에는 참 많은 일들이 있었고, 진행 중이다. 오방센터 구입과 실로암센터 2호관 이전은 실로암사람들 역사에서 한 획을 긋는 일이 될 것이다. 무엇보다 회원 한 사람을 귀하게 세워가는 일이야말로 실로암사람들의 존재 이유임을 되새긴다. 언젠가 더욱 그리워질 9월의 남은 날들을 기쁘게 살아가야지.

(2021.09.24)

J의 푸르른 가을을 기대한다

추석을 앞두고 J를 다시 만났다. 2년여 동안 마음을 졸이게 했던 그가 지친 날개를 움츠렸다. 그의 주위에 있던 이들은 하나같이 하이에나처럼 달려들어 몸과 영혼마저 병들게 했다. 악마 같은 이들은 그를 끝까지 놓아주지 않았다. 올봄부터 힘들 때면 한 번씩 연락이 왔다. 기대와 실망과 기다림이 교차하는 가운데 무심한 시간만 흘러갔다. 어디에도 손 내밀 곳이 없었기에 자포자기하듯 무너졌다. 정말 죽어야겠다는 생각을 하니 정신이 들었다.

어디에서 어떻게 다시 시작해야 할까? 우선 그에게 쉼이 필요하다. 주위에서 관심의 끈을 놓지 않는다면 힘든 시간을 잘 버티어 낼 것이라 생각한다. J는 실로암사람들의 아픈 손가락이다. 추석 음식을 장만하면서 제일 먼저 떠오른 이가 그였다. "맛있게 잘 먹었다. 고맙다"라며 보내온 카톡을 보니 스르르 마음이 녹는다. 올 가을에는 마음의 평화를 얻고 끝없는 미로에서 빠져나와 새로운 삶을 시작하기를 기대한다.

(2021.09.26)

조재형 감독의 차기작은 '똥 싸는 소리'다

매주 화요일이면 조재형 감독을 만난다. 실로암센터에서 얼굴도 보고 이런저런 이야기를 나누는 시간이 소중하다. 조감독은 요즘 다음 달부터 촬영하는 영화를 준비하느라 분주한 날을 보내고 있다. 영화감독으로 활발하게 활동하다가 3년 6개월 전 갑작스러운 사고는 그에게서 모든 것을 앗아갔다. 3년여 병원 치료를 마치고 휠체어에 앉아 퇴원했다.

그때부터 하루하루 살아남는 것이 과제가 되었다. 살다 보면 살아진다는 말이 있다. 올봄에 혼자서 독립생활을 시작했는데 이제는 점차 안정되어가고 있다. 병원에서 2년 정도 시간을 보내고 나서 퇴원 후에 무엇을 할 것인가 생각하기 시작했다. 생각나는 것은 영화뿐이었다.

영화는 그에게 모든 것이었다. 2015년부터 김미숙 국장에 대한 다큐멘터리 영화를 촬영해 오던 터라 그녀의 캐릭터를 가지고 극영화를 만들고 싶었다. 조 감독은 다시 영화를 시작할 수 있는 기회를 잡았다. 그러나 모든 상황이 바뀌어있었다. 예전에는 혼자서 했던 것들도 이제는 함께 만들어 가야 하기에 더 많은 준비와 시간이 필요했다.

영화의 제목은 〈똥 싸는 소리〉다. 김미숙 국장의 '긍정 해피바이러스' 캐릭터로 장애여성의 사랑과 일상을 담은 로맨틱 코미디 영화다. 10월 9일 첫 촬영을 시작하여 내년 4월 20일에 개봉할 예정이다. 실로암센터와 카페홀더도 주요 촬영지 가운데 하나다.

영화 제작을 위하여 제작위원을 모집하고 있다. 실로암사람들도 공동제작으로 참여한다. 시민들과 실로암사람들 회원들이 많이 참여하여 영화가 순조롭게 잘 진행되었으면 좋겠다. 내년 봄에는 극장에서 조 감독의 영화를 보면서 팝콘을 먹고 싶다.

(2021.09.28)

영화 도가니, 10년의 소회

9월의 끝자락이다. 뭔가 허전하다 싶어 곰곰이 생각을 더듬다 보니 영화 〈도가니〉에 다 달았다. 벌써 10년이 되었구나! 세상을 바꾼 영화였고, 나를 바뀌지 않게 만든 영화였다. 도가니는 황동혁 감독의 작품이다. 황 감독은 요즘 〈오징어 게임〉으로 최고의 시간을 보내고 있기에 축하드린다.

한밤중에 도가니 영화를 다시 보았다. 2011년 9월, 시사회에서 처음 보았을 때의 느낌이 되살아 났다. 그날 영화관에서 펑펑 울었다. 영화 도가니의 영문명은 〈Silenced〉다. 무진의 지독한 안개를 넘을 수 있는 유일한 수단인 소리를 잃고 '침묵당한' 사람들의 몸부림이 느껴진다.

퇴근하던 강인호(공유)의 차량 보닛에 비친 '유리'와의 만남은 운명적이었다. 유리는 강인호 선생님을 세탁실로 이끈다. 거기에서 윤자애에게 세탁기 린치를 당하고 있던 '연두'를 구한다.

김연두, 진유리, 전민수, 전영수... 박보현, 교장, 행정실장, 윤자애... 장경사, 장학사, 교수, 판사, 검사, 변호사, 의사, 수화통역사... 그리고 강인호와 서유진. 영화와 현실을 오가며 오버랩이 되는 사람들에 대한 기억이 스쳐간다.

영화 끝부분에서 서유진(정유미)이 강인호에게 묻는다. "후회해요? 이 일에 뛰어든 것을..." 강인호를 대신해 내가 대답한다. "자칫 정치권을 넘보았을 나를 보석 같은 아이들 곁에 머물도록 붙잡아 두었어요." 영화 도가니는 내 인생에 있어서도 분수령이 되었다.

10년이 지난 지금도 가장 생각나는 사람은 도가니 영화 제작자인 삼거리 픽쳐스 엄용훈 사장님이다. 2011년 크리스마스를 앞두고 도가니 피해자와 인화대책위 활동가를 초대해 주셨다. 2박 3일의 서울 여행을 하며 주연배우인 공유 씨와 정유미 씨를 만나고, 대학로에서 연극도 보고 놀이동산에 가서 즐거운 시간을 보냈다. 이후 삼거리픽쳐스에서는 도가니 피해자들에게 1억 원을 지원하기도 했다.

영화 도가니로 인해 많은 변화가 있었다. 2005년부터 알려진 인화학교 성폭력 문제를 전 국민에게 알리고 해결해 나가는 동력이 되었다. 또한 도가니법으로 불리는 사회복지사업법과 성폭력특례법이 개정되었다. 장애인 시설에서 살아가는 장애인의 인권과 여성인권의 새로운 전기가 마련된 것이다.

하지만 10년이 지난 지금까지 도가니는 여기저기에서 반복되고 있다. 진전은 있었지만 아직 갈 길이 멀다. 우리 사회에서 자신의 인권에 대하여 주장하지 못하게 '침묵당한' 사람들의 인권이 한걸음 더 나아갔으면 좋겠다.

(2021.09.28)

한장선 35주년을 축하한다

한국장애인선교단체총연합회(약칭 한장선) 설립 35주년이다. 장애인 선교를 위해 전국의 사역자들이 연합하여 여기까지 달려온 것이다. 인력도 재정도, 정부의 지원도 없었지만 열정 하나만으로 모든 것을 덮을 수 있었다. 아쉽게도 한장선 설립 35주년 감사예배는 온라인으로 진행되었다.

장애인 선교는 하나님 나라의 본질을 가장 확실하게 드러낸다. 예수님의 선교는 장애인 선교다. 예수님 앞에서는 장애가 아무런 문제가 되지 않을 뿐 아니라 오히려 능력이 됨을 우리는 알고 있다. 한장선 40주년에는 한국을 넘어서 북한과 열방의 장애인 선교의 심장이 되기 바란다.

한장선 설립 35주년 10행시 공모가 있었다. 실로암사람들 조선아 간사님이 영예의 금상을 차지했다. 역시 삼달!(삼행시의 달인)

한/장선의 깃발 아래
장/애인 선교의 부흥을 꿈꿉니다
선/지자의 정신으로
설/곳이 어디든지 달려가서
립(입)/모아 복음을 전했던
삼/십오 년의 발걸음은
십/자가의 사랑이었습니다
오/직 한 길
주/님이 주신 사명을 따라
년(연)/합하는 한장선 사역자들을 사랑합니다 (2021.09.29)

퇴직금과 오징어 게임

온통 퇴직금 뉴스다. 5년 9개월을 근무한 대리급 퇴직금이 50억이라는 뉴스는 박탈감을 넘어 분노를 일으키기에 충분했다. 그렇게 기득권을 누려온 사람들이 이제 와서 '오징어 게임' 운운하는 것은 소가 웃을 일이다.

나에게도 퇴직금에 대한 기억이 있다. 1992년 1월에 실로암사람들에 입사하여 올해 말이면 만 30년이 된다. 한 번도 퇴직한 적이 없지만 중간에 퇴직금을 정산한 적이 있다. 실로암사람들 직원들이 2009년 7월부터 퇴직연금으로 전환하면서 그동안의 퇴직금을 정산한 것이다.

18년 일한 나의 퇴직금은 2천만 원이었다. 그것도 8년 후에야 받을 수 있었다. 퇴직적립금으로 적립해 놓은 돈을 급한 일이 생기면 당겨 쓰다 보니 늘 잔고는 비어있었다. 그때는 그랬다.

다른 것은 몰라도 50억 원 퇴직금에 대해서는 할 말이 있다. 실로암사람들과 화천대유의 차이를 감안하더라도 18년과 5년 9개월, 2천만 원과 50억 원의 간극을 설명할 방법이 없다. 단 하나 '아빠찬스'를 빼고는 말이다.

곽○○ 아들은 자신을 "난 오징어 게임 '말'일 뿐이다"라고 했다. 그의 말을 이해하기 위해서 드라마 〈오징어 게임〉을 보았다. 삶의 가장자리에 내몰린 사람들의 살아남기 위한 게임은 처절하고 잔인했다. 그러나 곽○○ 아들에게서 삶의 절실함은 1도 느낄 수 없다. 오히려 VIP에 가깝다고 해야 할 것이다.

과연 우리 사회는 젊은이들이 미래의 꿈을 꿀 수 있을까? 은행권에서 일하다 퇴직한 지인의 카톡 프로필 문구가 눈에 들어왔다. "수십 년 퇴직금 3억!?ㅠ 아빠가 곽○○가 아니라서 미안하다." 비단 젊은이들 뿐 아니라 '부모찬스'를 제공해 줄 수 없는 어른들도 무력감을 느낀다. 우리는 선택적 공정이 아닌 진정한 공정을 원한다.

(2021.09.30)

4부

사람은 가도 사랑은 남는다

마음에 커피 한 잔

카페홀더에서 드립백 커피를 신상품으로 출시했다. 드립백 커피란 언제 어디서나 간편하게 맛볼 수 있는 일회용 핸드드립 커피를 말한다. 몇 년 전 희망나눔 바자회 때 판매한 적이 있는데 인기가 많았다.

카페홀더가 오픈 10주년을 앞두고 있다. 그동안 커피와 음료를 판매해오다가 코로나19로 인해 매출이 감소하면서 고민이 많았다. 사회적 거리두기와 비대면 모임은 카페 운영의 직격탄이 되었다. 새로운 돌파구가 필요했다. 커피와 음료 판매만으로는 한계가 있다는 생각을 해오던 차에 카페홀더 홍보대사인 가수 박강수 씨가 드립백 커피와 커피원두 판매를 권유했다. 사회적기업 생산품으로 주문 판매하기에 적합한 품목이다.

올 추석을 앞두고 서둘러 출시한 상품은 반응이 좋았다. 카페홀더 직원들이 박스 디자인에서부터 포장에 이르기까지 모든 공정을 담당했다. 드립백 커피의 원두가 9g 내외인데 카페홀더 드립백 커피는 11g으로 카페에서 마시는 아메리카노 1잔의 맛과 견주어도 손색이 없다. 올 가을에는 마음에 커피 한 잔 하시길...

(2021.10.01)

빈소도 영정 사진도 없이 보내다

김문철 회원이 별세하였다. 갑작스러운 소식에 만감이 교차한다. 시간을 거슬러 올라가자 30년 전, 장성 사거리 고향집에서 자장면을 시켜먹었던 것이 첫 만남이었다. 김문철 회원은 1956년 전남 장성에서 태어났다. 세 살 때 소아마비로 장애인이 되었다. 두문불출하며 지내던 그에게 책은 친구요 스승이었는데, 그의 해박함과 독특한 글쓰기는 어린 시절 독서가 밑거름이 되었다. 신심이 깊은 어머님의 기도와 이웃들로 인해 세상으로 한 걸음씩 내디뎠다. 실로암사람들과의 만남도 이때 이루어졌다.

휴대폰에 '형님'이라고 저장된 몇 안 되는 분이다. 유일무이한 캐릭터인 고인은 한동안 실로암사람들 회원 사이에서 무서운(?) 분이었다. 특히 '형제님'이나 '김문철 씨'라는 호칭을 매우 싫어했다. 사무실 직원이 바뀔 때마다 직접 전화를 걸어 '선생님'이라고 부르도록 훈시를 했다.

고인은 40대 중반까지 고향집에서 어머님과 사셨다. 어머님은 경우가 바르고 권사님으로 이웃들의 존경을 받는 분이셨다. 당시 장성에는 김문철 형을 비롯해서 조종현 친구, 김우진 동생 등 삼총사가 살았다. 함께 백양사에 갈 때면 약수를 마시며 인생을 논하기도 했다. 막내인 우진이가 먼저 가고 맏형인 문철 형도 가니 이제 종현이만 남았다. 올 가을에는 친구랑 백양사에 가서 당시를 추억하고 싶다.

1999년 40대 중반에 집을 떠났다. 어머님의 건강 악화로 혼자서 살아갈 방도를 찾기 위해서였다. 담양에 있는 빛고을공동체를 거쳐

2001년부터 즐거운집에서 생활하며 검정고시에 합격했다. 12년을 시설에서 지내다 2011년 각화주공아파트로 자립했다. 건강이 나빠지면서 5년 전, 요양병원으로 가야 했다.

두 달 전에 치료와 전동휠체어 수리 문제로 연락이 왔다. 오방센터를 통해 두 차례의 병원 치료를 지원하고, 전동휠체어 기술자를 소개해 드린것이 고인과의 마지막 만남이 되었다. 이제 고인이 되었다고 생각하니 아쉬움만 남는다. 더구나 빈소도 마련하지 못하고, 영정사진 하나 없이 영안실에 안치했다가 화장하는 것으로 장례를 치르게 되어서 죄송하다.

언젠가 다시 만나는 날까지 문철이 형 안녕히!

(2021.10.09)

남구푸른길 촛불의 새로운 시작을 위하여

355회 남구푸른길 촛불모임이 열렸다. 2014년 7월에 처음 촛불을 밝힌 이래 7년이 넘게 월요일 밤 푸른길광장을 밝혀왔다. 오늘은 남구촛불이 푸른길광장에서 모이는 마지막 날이다. 물론 앞으로는 온라인으로 전환하여 계속될 것이다. 오늘 4.16 기억 버스킹에는 그동안 남구촛불과 함께했던 예술인들이 한자리에 모였다. 첫번째 무대는 가수 강형원 씨였다. 나는 여린 듯 감성을 흔드는 그의 목소리를 좋아한다. 민중가수 가운데는 드물게 고운 음색을 가지고 있다. 사직공원 통키타 거리에서 가게를 운영하며 바쁜 가운데서도 목소리 하나로 시민들의 마음을 하나로 묶어주었다.

두번째는 팬플룻 연주그룹 펜타곤이다. 팬플룻 조우상 씨, 오카리나 고은영 씨로 남구촛불을 대표하는 예술인이기도 하다. 펜타곤의 연주는 늘 새롭다. 의상과 분장은 물론 계절과 모임의 분위기에 알맞은 선곡은 언제나 상상 그 이상이다. 앙코르곡으로 연주한 〈Time to say good bye〉는 새로운 시작을 앞둔 촛불지기들에게 큰 힘을 주었다.

마지막 무대는 가수 주하주 씨다. 노래로 광주의 시간들을 지켜온 증인이요 문화운동가다. 부드러움과 강함이 어우러진 그의 감성은 가을밤 빗줄기를 타고 가슴을 적셨다. 자작곡인 〈땅으로 가자〉는 세월호를 넘어 통일 대한민국의 비전과 기상을 심어주었다. 나이가 들어도 여전한 멋과 향은 닮고 싶은 부분이다.

함께한 버스커들은 광주공동체를 벼리는 장인들이다. 그동안 든든하게 푸른길광장을 지켜온 촛불지기들에게 감사한다. 앞으로 온라인에서 세월호 참사의 진실규명을 위해 적극적으로 참여해야겠다. 다시 새로운 시작이다! 천천히 즐겁게 함께…

(2021.10.11)

쉬고싶은 어느 하루

살다가 게으름을 피우고 싶은 날이 있다. 하루 종일 뒹굴뒹굴하고 싶고, 밥 먹는 것도 귀찮은 때도 있다. 오늘이 그런 날이다. 그런데 하루 일정이 만만치 않다. 오전에 두 시간 강의를 해야 하는데 강의실로 가서 줌으로 해야 한단다. 더구나 광주를 반 바퀴 돌아서 가야 하는 곳이다. 그래도 감사한 마음으로 강의를 마쳤다. 오후에 결혼식까지는 3시간의 여유가 있다. 각화동 기용 씨에게 갈까, 정책토론회 토론문을 쓸까 고민이 되었다.

마침 휴대폰이 울렸다. 이정상 사장님이 실로암센터 간판 작업을 하려고 온다는 것이다. 그러면 그렇지 내 일복이 어디 갈라고... 2005년도에 현 위치로 실로암센터를 이전하면서 만든 간판을 16년 만에 바꾸니 산뜻하니 좋다.

2시가 다 되도록 식사를 못해서 냉장고를 수색하고 있었다. 상상그룹홈 이승훈 간사와 성대 씨, 현욱 씨가 왔다. 식빵에 딸기잼과 달걀 프라이를 얹어서 함께 먹으니 정말 맛있다. 얼굴이 반찬이라는 어르신들의 말이 떠올랐다. 그사이 승훈 간사는 레몬청을 설탕에 재어 숙성시키고 있는 통을 한바탕 저었다. 희망나눔이 누군가에게는 고생 나눔이구나 싶었다.

(2021.10.16)

예그리나 사진전이 기다려지는 이유

예그리나장애인복지센터가 주최하는 사전전이 열렸다. 올해가 다섯 번째다. 개인적으로는 그동안 사진전 기념식에 개근을 하고 있다. 자연이 주는 경이로운 감동의 순간을 담아낸 6명의 작가 작품과 사진공모전에 입상한 작품을 선보였다. 사진전에 참여한 작가들은 봄부터 여러 차례 출사를 통해 작품을 준비해 왔다. 때로는 1박 2일의 일정으로 출사를 나갔다. 한 장의 사진을 찍기 위해 산과 바다를 온몸으로 부딪히며 사투를 벌이기도 했단다.

예그리나 사진전은 늘 기다려진다. 매년 한 걸음씩 성장해가는 작가들의 모습을 확인할 수 있어서 좋다. 물론 작품의 질이 높아질수록 가격도 오르고 있어서 내 입장에서는 부담이 없는 것은 아니다. 매년 두어 작품을 구입해서 오방센터에 걸어두고 있는데 올해에는 총 6 작품을 구입한 셈이다.

사진전을 통해 세 사람의 얼굴이 떠오른다. 김용근 센터장의 우직함이 어려운 여건을 넘어서 사진전을 이어오고 있다. 또 한 사람, 임신영 사진작가의 지도와 후원이 있었기에 여기까지 올 수 있었다. 시설에서 살다가 퇴소한 작가를 축하해 주기 위해 오신 행복재활원 정윤영 원장님 부부를 통해 한 사람과의 관계가 얼마나 소중한 것인지 배우게 된다.

장애인 작가들이 사진 작품의 발전뿐 아니라 지역사회에서 자신의 삶을 든든하게 세워나가기 바란다. 내년에는 사진 출사 할 때에 따라가서 나도 인생작을 찍고 싶다. 예그리나 사진전은 10월 24일까지 광주학생교육문화회관에서 계속된다. (2021.10.21)

뼈를 다친 것이 아니니 일하라?

A는 지난 7월부터 학교 급식실에서 일하고 있다. 장애인 고용공단의 소개로 입사하였는데 근무 여건이나 급여 등 대체로 만족스럽다. 그런데 지난주 10월 20일에 일하다가 오른발에 2도 화상을 입었다. 30분 정도 찬물로 찜질을 한 후 다시 장화를 신고 작업을 했다. 화상부위가 화끈거렸지만 참아가면서 일을 마쳤고, 퇴근 후 찾은 약국에서는 당장 병원으로 가라고 했다. 광주기독병원 응급실로 갔다. 응급처치와 2도 화상으로 인해 2주간의 통원치료가 필요하다는 진단서를 받았다. 다음날 급식실에 출근한 A는 3일간 치료를 받고 싶다고 했으나 거절당했다. 8명이 일하는 급식실에서 한 사람이 빠지면 곤란하다는 것이었다. 고용공단 관계자도 "뼈를 다친 것도 아니니 일을 하라"라고 했다.

학교 행정실에서는 "산재처리 통보와 병가서 제출 이후 월급이 나오지 않는다"라고 했다. A는 자신의 부주의로 사고가 났기에 자칫 잘릴까 봐 불안했다. 아무 소리도 못하고 목요일, 금요일 이틀 동안 일을 했다. 화상 부위는 물집이 터지고 피부가 벗겨져 나갔고 통증은 점점 심해졌다. 토요일에야 실로암사람들에 도움을 요청해 왔다. 전후 사정을 듣고 나니 몹시 화가 났다. 화상을 입은 사람에게 뼈 운운하는 게 한심하다. 만약 다른 직원이나 자기 자식이 2도 화상을 입었다면 이런 식으로 처리했겠는가?

인권은 자기 권리에 대하여 주장하기 힘든 사람들의 권리를 우선적으로 보장하는 것이다. 전문 기관에 의뢰를 했다. 월요일 아침,

상담소를 통해 화상전문 병원에 입원을 했다. 쉽게 치료할 수 있었는데 그사이 병을 키웠던 것이다. 직장에는 2주간의 병가를 냈고, 산재처리를 위한 지원도 하고 있다. 아무쪼록 흉터 없이 잘 치료되길 바란다. 오늘은 다행히 많이 좋아지고 있다는 소식을 전해왔다. 치료 후 일터로 복귀했을 때에도 직장 동료들과 잘 지냈으면 좋겠다.

(2021.10.26)

사회복지 종사자의 안전을 위한 제도적 근거를 마련하라

사회복지 종사자 인권보호 방안 마련을 위한 정책토론회가 열렸다. 사회복지 종사자의 감정노동 실태와 위험 및 안전실태에 대한 두 분의 발제가 있었다. 나는 토론자로 참여하여 의견을 개진하였다. 토론을 준비하던 중 사회복지사 한 분의 충격적인 이야기를 들었다. 지난여름 악성 민원인에게 시달리며 난생처음 죽고 싶었다고 했다. 더구나 이런 생각을 지금까지 아무에게도 말하지 못했다. 직장 동료에게도 가족에게도.

사회복지 종사자는 과연 안전한가? 사회복지 현장에서 일하는 사람들은 다른 직군에 비해서 직장 내에서나 직무수행 과정 중에 인권침해 정도가 심하다. 2013년 사회복지 공무원 네 분이 자살을 했다. 그해 국가인권위원회의 사회복지사의 인권에 대한 실태조사가 이루어졌다.

이번 발제는 사회복지사와 클라이언트에 대한 조사를 바탕으로 이루어졌다. 물론 사회복지 현장에서 악성 이용인(민원인)으로 인해 안전에 심각한 위협을 당하는 경우가 있다. 뿐만 아니라 직장 상사나 동료의 갑질과 행정(공무원)의 갑질로 인한 감정노동도 적지 않다. 이번 정책토론회를 계기로 연구의 범주과 확장되기 바란다.

이후 광주사회복지사협회에서도 사회복지 종사자의 감정노동과 인권에 대한 책과 위기대응 매뉴얼, 위험 및 안전실태에 대한 연구를 이어갔다. 이제 법적, 제도적 근거를 마련해야 한다. 나는 토론자로서 광주광역시 사회복지사 등의 처우 및 지위 향상을 위한 조례를 개정하여 '사회복지종사자 인권센터'(가칭)를 개설할 것을 제안하였다. 이제 광주시와 광주시의회가 답할 차례다.

(2021.10.27)

내게도 부모찬스?

20만km를 넘겼다고 하나 8년도 채 안된 차가 간당간당했다. rpm이 떨어지는 것은 고쳤으나 온도계가 오르락 내리락하는 것은 제대로 수리가 안 된 모양이다. 7월 말 새 차를 주문해 놓고 3개월을 기다렸다.

새 차를 산다는 소식에 부모님께서 도움을 주셨다. 그동안 큰아들의 장애로 인해 마음고생은 물론 치료와 교육을 위해 쏟아부은 돈만도 이만저만이 아니었을 것이다. 결혼 후에 다시는 부모님께 손 벌리지 않겠다고 다짐했는데.

부모님은 벌써 팔십 대 초중반이다. 농사일을 그만 두신 지도 오래되었다. 지금은 국민연금, 노령연금, 노인일자리 그리고 자식들이 드리는 용돈이 수입원이다. 유일하게 어머님이 만드는 딸기잼이 효자노릇을 하고 있다.

울 아버지는 돈이 있어도 못쓰시는 분이다. 한 푼 한 푼 모았다가 자식들에게 날려버리기 일쑤다. 부모로서 자식이 필요할 때 도움을 줄 수 있다는 것은 다행이다. 그러나 내년이 이순(耳順)인 자식이 여전히 부모님께 손을 벌리고 산다는 것이 부끄럽다. 막상 새 차가 나오고 나니 이래저래 마음이 착잡하다. 생애 다섯 번째 차다. 다음 주말에는 부모님과 가까운 바닷가라도 다녀와야겠다.

(2021.10.29)

장애인정책 자료집을 발간하다

오방장애인자립생활센터에서 장애인정책 자료집이 나왔다. 그동안 광주의 장애인복지 현장에서 고민했던 것들을 정책토론회에서 풀어낸 것이다. 대부분 토론문이고 몇 개의 발제문도 실었다.

언젠가부터 이런 자료집을 만들고 싶었다. 20년 가까운 시간 동안 광주의 장애인복지 정책이 어떻게 흘러왔는지를 확인할 수 있을 것이라 생각했다. 이번에 오방센터를 통해서 2004년부터 2021년 상반기까지 자립생활, 인권, 교육권, 이동권, 장애인복지, 여성(가족), 사회복지 등 7개 분야 54개의 글을 담았다.

편집을 맡은 김형국 목사님과 정책에 대한 토론과 조언을 해주신 이형일 목사님께 감사한다. 이 자료집은 실로암사람들과 광주장애인차별철폐연대의 활동이 없었다면 존재하지 않았을 것이다. 오랜 시간 동안 현장에서 일할 수 있었던 것은 내게 행운이었다.

이 자료집은 광주의 장애인권과 복지의 흐름을 이해하는 데 도움이 되었으면 좋겠다. 아울러 광주의 장애인 운동이 현장 투쟁과 더불어 정책적인 대안을 모색하는 데 게을리하지 않았다는 반증이 될 것이다. 앞으로도 광주에서 정책적인 논의가 더욱 활발하게 이어지기 바란다.

개인적으로는 버킷리스트 하나가 이루어진 셈이다. 언젠가 장애인정책 자료집을 한 권 더 낼 수 있었으면 좋겠다. 내 사무실에 꽂혀있는 자료들이 광주의 장애인권과 복지를 위해 의미있게 사용되기를 바란다. 오늘은 참 감사한 날이다. (2021.11.01)

자립에서 연립으로 나아가자

코로나19로 인해 2년째 일상의 삶을 회복하지 못하고 있다. 세상이 어려울 때 가장 어려움을 겪는 사람은 장애인이다. 상당수 장애인이 자발적(?) 코호트 격리 상태에서 지내고 있다. 하지만 장애인 당사자의 자립생활에 대한 열정은 그 무엇으로도 막을 수 없었다.

장애인 자립생활 이야기 『자립에서 연립으로』가 그 증거다. 그동안 오방장애인자립생활센터는 자립생활을 하고 있는 장애인 당사자의 이야기를 책으로 만들어 왔다. 『나는 희망을 겨냥한다』(2013년), 『자립생활은 목표가 아니라 사람이다』(2017년), 『자립 생활은 관계의 확장이다』(2020년)에 이어 이번이 네 번째다.

2000년 이후 한국의 자립생활은 장애인 복지의 새로운 패러다임으로 자리를 잡았다. 2007년부터 장애인 활동지원 서비스가 제도화되면서 급물살을 타고 있다. 하지만 활동지원 서비스가 수익사업으로 인식되면서 현장에서 혼란이 야기되고 있기도 하다. 이러한 때에 자립생활 운동의 가치를 실현해 나가는 당사자의 이야기는 자립생활이 나아가야 하는 방향이 어떠해야 하는지 제시하고 있다.

자립생활은 공간의 이동이 아니다. 생활시설에서 지역사회로 나오는 것만으로는 의미가 없다. 공간의 문제 이전에 관계가 중요하다. 관계의 확장 없이 공간의 이동만으로는 자립이 아니라 고립이 되기 쉽다. 자립과 고립의 경계는 관계로 구분된다. 자립생활의 시작도 끝도 관계이다. 이제 개인의 자립(自立)에서 관계의 확장을 통해 연립(聯立)으로 나아가자. 홀로 삶을 세우며 더불어 살아가자.

장애인 당사자의 자립생활 이야기는 언제나 가슴을 뜨겁게 한다. 한 사람 한 사람의 이야기 속에는 개인의 과거와 현재의 삶과 미래의 꿈이 녹아있기 때문이다. 이번에도 10명이 참여하여 자신의 이야기를 소박하게 드러내 놓았다. 고주혁, 김경원, 노기자, 박창석, 김방울, 김승일, 박일용, 배영준, 윤예선, 이원심. 모두에게 응원의 박수를 보낸다. 이 책이 자립생활을 고민하는 장애인에게뿐 아니라 자신들에게도 길잡이가 되리라 확신한다.

이 책이 만들어지기까지 편집을 맡아 오랜 시간 동안 열과 성을 다해온 강선진, 나하정 님의 수고에 감사한다. 그리고 이 책을 기획하고 시작했다가 건강의 어려움으로 하차한 박경한 활동가의 조속한 복귀를 염원한다. 또한 장애인의 자립생활을 지원하는 일에 밤낮을 가리지 않고 헌신해 온 오방장애인자립생활센터 권광미 국장님과 직원, 활동가들께 깊은 감사와 경의의 마음을 보낸다. 자립지원 코디네이터로 일했던 박경원 간사의 수고도 잊지 않고 있다. 앞으로도 오방장애인자립생활센터가 자립생활의 통로로 의미 있게 사용되기를 바란다.

(2021.11.01)

기아자동차 밀알봉사회가 있어서 다행이다

힘들거나 날이 추워질 때 떠오르는 열매가 있다. 사회복지공동모금회에서 발행하는 소식지《사랑의열매》10월호 표지에 반가운 얼굴들이 보였다. 18년째 기부를 이어온 기아 오토랜드 광주 밀알봉사회 분들이다.

기아자동차 밀알봉사회는 2003년에 시작하였다. 처음 50명의 밀알이 모여서 지금은 2,000명이 함께하고 있다. 기아자동차 광주공장 전체 직원의 3분의 1이다. 이들은 급여 0.1% 나눔 운동을 통해 모은 기부금으로 사회공헌 활동을 하고 있다.

실로암사람들도 밀알봉사회에 많은 사랑의 빚을 지고 있다. 최근 희망나눔 바자회를 기아자동차 문화센터에서 할 수 있었던 것도 밀알봉사회의 지원이 있었기 때문에 가능했다. 코로나19로 인해 작년부터 바자회를 함께하지 못해 아쉽다.

기아자동차 밀알봉사회의 18년의 발걸음에 감사하고 축복한다. 한 알의 밀알이 아름드리나무로 자라서 주위의 생명들을 지탱해주는지 생생하게 보여주었다. 앞으로도 힘들고 지친 사람들에게 소망을 나누는 밀알봉사회가 되기 바란다. 밀알봉사회와 함께했던 날들을 생각하니 감동적인 순간들이 떠오른다. 말로 다 할 수 없는 감사의 마음을 전한다. 광주에 기아자동차 밀알봉사회가 있어서 참 다행이다.

(2021.11.03)

군산 카페601 개업 축하

경일이를 홀더지역아동센터에서 처음 만났다.
14년 전이다.
난타를 하며 장애인들과 함께 어울리던 모습이 눈에 선하다.
이후 장애청소년 통합캠프에서 봉사하며 학창 시절을 보냈다.
대학에 진학하고, 군대도 마치고, 오랜시간 꿈꾸고 준비했던 카페 사장이 되었다.
하나님께서 범사에 형통한 은혜를 베푸시길 기도한다.

군산에 갈 기회가 있으면 꼭 찾아주시길...
카페601, 군산의 자랑이 되기 바란다.

*카페601 / 전북 군산시 월명동 14-1

(2021.11.03)

나에게 말을 걸다

낯선 듯 익숙한 초상화와 마주했다. 난생처음이다. 한참을 바라보다가 그림 속의 사내에게 말을 건넨다. "살만하니?" 휴대폰을 보니 문자와 카톡과 부재중 전화가 긴 줄을 이루고 있다. 여느 날보다 더 분주했던 하루를 생각하며 몇 차례 심호흡을 했다. "애썼다."

초상화가 있다는 것만으로 흐뭇하다. 빙그르 웃음이 난다. 실물보다 눈을 크게 그린 것은 화가의 호의일 게다. 수호천사처럼 나를 가장 가까이서 지켜볼 수 있는 곳에 초상화를 두기로 했다.

피곤이 몰려와 잠을 청했다. 눈을 감아도 그 사내의 얼굴이 아른거린다. 연민인지 설렘인지 알 수 없는 감정들이 교차하며 머리는 맑아지고 기억은 점점 선명해져 갔다. 아직 못다 한 말이 생각났다. "잘했다 잘했어."

(2021.11.04)

사람은 가도 사랑은 남는다

실로암센터 주변 도로가 온통 환하다. 노랗게 은행잎이 물이 드는 이맘때는 그리움도 물이 든다. 벌써 고 김안중 명예간사님 2주기다. '사람은 가도 사랑은 남는다'는 말을 실감한다. 그럽다 말하기에는 아직도 기억이 생생하다. 무심코 어느 골목길을 돌다가도 순간 코 끝이 시큰해지고 울컥 눈물이 난다. 생전에 함께했던 날들을 생각하니 "모든 날이 좋았다"는 드라마 〈도깨비〉의 대사가 떠오른다.

당신은 영원한 '실로암 편'이었다. 평생 실로암사람들에게 맹목적이라 할 만큼 절대적인 신뢰와 사랑을 보내주셨다. 당신이 뿌려놓으신 사랑이 소망으로 자라나 어려운 시기를 견디어 내고 있다. 이따금씩 당신이 계셨다면 어땠을까 하는 순간들과 마주할 때는 가슴이 저려온다.

장애인 당사자로서는 실로암사람들 1호 차량봉사자였던 김안중 명예간사님! 1990년대 초부터 돌아가실 때까지 30년 동안 차량봉사의 끈을 놓지 않았다. 당신에게 차량봉사는 하나님께서 주신 소명이자 이웃에 대한 사랑이었던 것이다.

한 사람이 지나간 자리가 이렇게 컸다. 오늘날의 실로암사람들을 세운 디딤돌이었다. 고 김안중 명예간사님의 이름과 삶을 기억하는 것은 남은 자의 몫이다. 오후에는 영암군 고향마을 산소에 가서 못다 한 이야기를 나눠야겠다.

(2021.11.07)

강제학습은 계속된다

홀가분하다. 주말을 지나 월요일까지 이어지던 압박감에서 해방되었다. 한마음장애인자립생활센터가 주최하는 정책토론회 발제문을 마무리했다. 벼랑 끝은 아니어도 작은 바위에 올라갔다 내려온 느낌이다.

한 달 전 김동효 소장님의 연락을 받고 평소 관심 있는 분야라 별 생각 없이 대답을 했다. '광주광역시 장애인 이동권의 현황과 과제'에 대하여 이번 기회에 최근 상황을 정리해 보고 싶은 생각도 들었다. 하지만 바쁘다는 핑계로 마감이 닥쳐서야 발동이 걸렸다.

이럴 때는 사무실에 모아둔 자료들이 유용하다. 장애학 박사과정을 공부하고 있는 이형일 목사님과 광주복지연구원의 이지우 박사님의 도움도 받았다. 이번 기회에 감사의 마음을 전한다.

11월 초에 『장애인 정책 자료집(2004-2021)』을 냈다. 17년 동안 장애인 정책토론회에서 발표했던 토론문과 발제문 54개를 모은 것이다. 매번 그랬다. 토론문을 쓸 때마다 압박감과 긴장감이 적지 않았지만 마치고 나면 성취감이 훨씬 컸다. 이번에도 그랬다. 전문적인 연구자는 아니지만 현장 활동가로서 관점을 놓치지 않으려 했다. 다시는 못해먹겠다고 생각하면서도 이번이 마지막 기회일 수도 있다고 생각하면 오히려 고맙다. 공부를 싫어하는 내가 기말고사를 치르면서 강제로 공부한 듯한데 졸업은 아직 요원해 보인다.

(2021.11.08)

장애인회관은 모두를 위한 공간이 되어야 한다

장애인회관 건립 TF팀 회의가 있었다. 장애인회관은 광주지역 장애인의 오랜 숙원이었다. 민선6기 윤장현 시장 때는 장애인지원단(이후 장애인종합지원센터)에 집중하였다. 민선7기 이용섭 시장의 장애 관련 1호 공약이기도 했다. 2018년 7월 장애인회관 건립 기본계획(안)을 수립하고, 2019년 7월부터 본격적으로 추진되었다. 이후 건립 부지 내 사유지 매입건으로 8개월을 허비하기도 했다. 지금은 건축 설계 용역이 진행 중이다. 광주광역시 신창동에 대지면적 2,296평, 연면적 2,369평 규모로 추진된다. 순조롭게 진행된다면 2023년에 준공하게 된다. 오늘 TF회의에서 몇 가지 의견을 제시했다.

1. 수직 이동의 문제는 최대의 기준으로 접근하자.

가장 큰 문제는 2대의 엘리베이터로는 역부족이다. 평소에는 부분적으로 가동하더라도 행사 시에 최대치를 가동할 수 있도록 엘리베이터를 설치해야 한다. 휠체어 사용 장애인을 고려하여 30인 이상 대용량 엘리베이터도 필요하다. 법적기준의 충족보다는 실질적인 이용의 편리를 고려해야 한다.

2. 주차면의 절반은 장애인 주차장으로!

설계용역(안)에 의하며 장애인주차 23대, 확장형 13대, 일반형 45대 등 총 81대를 계획하고 있다. 만약 총 81대라면 장애인주차 41대, 기타 40대로 해야 한다. 물론 장애인주차장이 늘어나면 전체 주차면수가 줄어들게 된다. 아울러 주차장의 절대 부족의 문제는 인근 고수부지를 활용하여 주차장을 개발하는 등 반드시 대안이 마련되어야 한다.

3. 휴게실과 문화예술 공간은 우선적으로 마련해야 한다.

지하1층에 보호자대기실, 자원봉사자실이 있기는 하지만 장애인 당사자가 이용할 수 있는 휴게실이 없다. 더구나 장애여성을 위한 휴게실은 별도로 마련되어야 한다. 장애인회관이 무슨 용무가 있을 때만 방문하는 곳이 아니라 친구를 만나거나 쉼이 필요할 때도 이용할 수 있는 공간이 되어야 한다.

4. 모든 장애인을 위한 교육, 문화예술 공간이 되어야 한다.

설계용역(안)은 체육관과 임대사무실이 주를 차지하고 있다. 임대사무실은 전면적으로 없애야 한다. 모두를 위한 장애인회관이 되기 위해서는 모두를 위한 공간으로 구성해야 한다. 장애인 단체의 회의, 교육, 토론회, 전시회 등 다양한 활동의 거점이 되기 위해서는 다양한 크기의 회의실, 교육실, 전시실이 필요하다. 임대사무실을 뺀다면 엘리베이터, 화장실, 샤워실, 휴게실 등을 최적화할 수 있을 것이다.

앞으로 장애인 당사자의 의견을 수렴하는 절차가 진행될 것이다. 적어도 향후 50년의 방향을 결정하게 된다. 관심을 갖고 적극적으로 참여해 주기 바란다.

(2021.11.10)

예수님 발아래서 다시 만날 때까지

여느 때처럼 운전을 하면서 음악을 들었다. 울컥 눈물이 났다. 짐 리브스의 〈God be with you till we meet again〉 때문이다. 더 이상 운전을 할 수 없어서 갓길에 차를 세워두고 한참을 들었다. 짐 리브스(Jim Reeves)의 중후하면서도 감미로운 목소리가 오늘은 가슴 깊은 곳까지 파고들었다. 30대에 이런 목소리로 노래를 불렀다는 것이 신기했다. 그는 41세이던 1964년 비행기 사고로 사망했다. 우리에게는 크리스마스 캐럴과 대한항공의 CF에 사용했던 〈Welcome to my world〉를 통해 그의 음악과 목소리가 익숙했다.

이 찬양을 들으면서 먼저 가신 실로암사람들 회원들이 생각났다. 언젠가 나도 본향으로 갈 것이다. 그때에 예수님의 발아래에서 다시 만날 것이다. 나의 장례식의 마지막 노래는 다 같이 이 노래를 불러주기 바란다.

머릿속에 떠오른 또 하나의 장면은 고등학생 때 순천노회 학생 수련회였다. "다시 만날 때 다시 만날 때 예수 앞에 만날 때…" 마지막 날 눈물을 흘리며 불렀던 기억은 40년이 지났어도 여전하다. 그 시절 함께했던 친구들은 지금 어디에서 무엇을 하고 있을까? 그들도 예수님의 발아래에서 다시 만나게 될 것이다.

우리 다시 만날 때까지 하나님이 우리와 함께 하시기를...

(2021.11.17)

실로암센터가 환해졌다

실로암센터 복도가 환하다. 센터에 정남진 소등섬의 새벽을 담은 사진 작품이 새 식구가 되었다. 멀리 소록대교의 불빛도 보인다. 광주에서 사진작가로 활동하고 있는 정종관 님의 작품이다.

실로암센터 복도는 작은 갤러리다. 최인옥 목사님(사진)과 김봉진 화백(서양화)의 작품을 비롯해서 김용욱 님(사진), 기대용 님(서양화), 안병순 님(동양화), 고희원 님(동양화) 등 다양한 작품이 자리하고 있다. 잠깐씩 눈인사를 나누기도 하고, 힘들고 지칠 때는 한참을 바라보기도 한다.

예술 작품이 힐링이 되는 순간이다.

얼마 전 정종환 작가의 사진전이 국립 나주병원에서 열렸다. 최근에는 장(長) 노출 기법을 이용하여 사진을 주로 찍다 보니 역동적인 느낌을 준다. 전시 작품을 이미숙 님께서 구입하여 기증해 주신 것이다. 작가님도 선한 뜻으로 구입하는 것을 알고서 할인해 주었다는 후문이다.

어제 정종관 작가께서 직접 작품을 가지고 실로암센터에 방문하셨다. 자신의 작품이 좋은 사람들을 만나게 되었다며 좋아하셨다. 언젠가 사진의 배경이 된 정남진에서 소등섬을 비추는 아침 햇살을 맞고 싶다. 오늘도 사진 속 소등섬이 말을 걸어온다.

(2021.11.19)

희망나눔, 4주간의 기적을 만들다

"4주 후에 뵙겠습니다." 희망나눔을 시작하면서 실로암사람들 직원 사이에 유행했던 말이다. 만나는 사람마다 티켓 이야기를 하니 희망나눔이 끝난 뒤에 만나자는 의미로 드라마 〈사랑과 전쟁〉의 명대사를 패러디한 것이다. 실로암사람들은 4주 동안 놀라운 기적을 만들어 냈다.

2호관 이전, 이팝너머 증축 등 현안은 쌓여가는 데 해결방안이 없었다. 재작년 4월 이후 30개월 동안 멈춰있던 희망나눔을 다시 시작할 수 있었던 것은 순전히 직원들에 대한 믿음이 있었기에 가능했다.

티켓 판매를 하면서 자꾸 움츠려 드는 어깨를 펼 수 있었던 것은 강신석 목사님의 가르침 덕분이었다. "적선을 하는 사람보다 적선을 하게 하는 사람이 더 복되다." 나는 용기를 내어 100명의 후원자, 1,000만 원 후원(티켓 판매)을 위해 기도했고, 목표를 달성했다. 아울러 희망나눔을 통해 한 사람이라도 마음이 다치지 않도록 기도했다. 희망나눔을 통해 주위의 사람들을 돌아보게 되었다. 소중한 사람들의 마음을 읽으려고 힘썼다.

한결같이 자신의 자리에서 실로암사람들의 사역을 응원하는 이들을 통해 큰 위로를 받았다. 실로암사람들의 저력과 하나님의 인도하심을 경험하는 시간이기도 했다.

무엇보다 한마음으로 애쓴 직원들께 감사드린다. 묵묵히 드립백과 레몬청 작업을 해냈다. 한 장의 티켓을 판매하기 위해 얼마의 정성을 쏟아야 하는지 우리는 안다. 희망나눔을 통해 무엇보다 우리 안에서 희망을 보았다. 좋은 직원들과 함께 일하는 것만큼 감사한 것이 또 있을까?

나는 괜찮은 대표인가 되묻는다. 내일부터 2박 3일 제주도에 가면 태평양을 바라보며 직원들을 축복하며 기도할 것이다. 고맙고 기쁘고 후련하다.

(2021.11.21)

희망나눔_나눔으로 마음을 잇다

나눔은 '나누려는 마음'에서 시작됩니다. 나눔은 사람을 잇고, 마음을 이어 희망을 이룹니다. 희망나눔을 다시 시작할 수 있었던 것은 지혜와 용기였습니다. 비대면으로 진행한 희망나눔은 새로운 가능성을 열어주었습니다. 시행착오도 있었습니다. 그럼에도 '팀 실로암'은 가장 어려운 시기에 최선의 결과를 만들었습니다.

기꺼이 희망나눔의 띠를 이어주신 여러분께 깊이 감사드립니다.

여러분이 계시기에 용기를 낼 수 있었습니다. 지역사회와 장애인에게 신뢰받을 수 있는 단체가 되도록 더욱 노력하겠습니다.

여러분의 건강과 평안을 빕니다.

(2021.11.22)

성산포가 마음에 들어왔다

길가에 수북이 쌓인 은행잎을 보며 이른 출근을 했다. 사무실에 특별한 볼 일이 있어서가 아니라 들렀다 나가야 마음이 편하기 때문이다. 일종의 직업병이다. 오늘부터 2박 3일 제주도에 간다. 광주공항 주차장은 이미 만차다. 코로나19로 움츠렸던 것들이 조금씩 깨어나고 있는 듯하다. 하지만 최근 급증하고 있는 코로나19 확진자로 인해 신경이 쓰인다.

비행기 트랩을 밟으며 마주한 제주도의 첫인상은 매서운 바람과 추위였다. 점심 후 느긋하게 돌아본 성읍민속마을과 제주민속촌은 제주인의 삶과 문화를 들여다볼 수 있었다. 흥미로웠던 것은 집 뒤안에 있는 똥돼지를 키우는 공간이었다. 어렸을 때 어느 친척 집 변소에 갔다가 발아래 있던 똥돼지 때문에 볼일을 보지 못한 일이 떠올랐다.

저녁 식사는 재작년 제주도에 왔을 때 들렀던 한아름식당으로 왔다. 현지인들이 많이 찾는 식당으로 두터운 생오겹살은 맛은 물론 가격도 착했다. 숙소에 도착하니 오늘 하루 만 보를 넘게 걸은 탓인지 피곤하다.

여행은 어차피 걷는 만큼 보이는 것이다.

둘째 날은 신천리 벽화마을을 걷는 것으로 시작했다. 걷다 보니 바닷가에 이르렀다. 이번 여행에서 첫 번째로 만난 제주바다를 보며 실로암사람들과 여행을 위해 기도를 드렸다. 걷는 것에 대한 부담 때문에 별생각 없이 찾은 섭지코지는 최고의 순간을 선물해 주었다. 섭지코지는 좌우 200도가 넘는 시야에 펼쳐진 수평선과 눈이 닿는 곳까지 섬 하나 걸쳐있지 않고 탁 트여 있었다. 방두포등대를 향하여 걷다 보니 노랗고 보랏빛 들꽃이 발아래 펼쳐져 있다. 섭지코지에서 바라본 성산일출봉의 자태는 장관이었다. 한화 아쿠아플라넷을 거쳐 숙소로 왔다. 오늘은 동네 한 바퀴를 돌 요량으로 나섰더니 바닷가로 이어졌다. 금세 어둠이 내렸다. 절벽을 때리는 파도소리를 들으며 한참을 걸었다. 혼자서 걷기 좋은 밤이다.

셋째 날은 새벽 6시에 일어나 성산일출봉 입구를 찾았다. 이미 일출을 보기 위해 올라가는 사람들이 많았다. 해안도로를 따라 걷다가 이생진 시인의 그리운 바다 성산포 시비에서 잠시 쉬었다. 오르다카페를 지나며 언젠가 카페계단에 앉아 책장을 넘기며 바닷가를 바라보고 싶다는 생각을 했다.

4·3 평화기념관은 일찍 찾은 탓인지 해설자가 없었다. 몇 년 전 장휘국 교육감과 함께 4·3항쟁 연수 때의 기억을 되살려 해설 아닌 해설을 하게 되었다. 4·3이 5·18이고 제주가 광주였다. 안타깝게도 지금도 세계 곳곳에서 참혹한 비극은 계속되고 있다. 한순간 시간과 공간이 멈춘 듯 한참을 서 있었다.

백비! 아무것도 새겨지지 않은 하얀 대리석이 누워 있었다. 높은 천장에서 쏟아지는 햇살은 살아있는 우리에게 말을 건넨다. "언젠가 이 비에 제주4·3의 이름을 새기고 일으켜 세우리라."

이번 여행을 통해서 장애인 주차장 운영에 대한 개선의 필요성을 실감했다. 렌터카를 이용하다 보니 참여자 대부분이 장애인임에도 불구하고 장애인 주차장을 이용할 수 없었다. 현재 차량에 발부되는 장애인 차량 스티커를 장애인 당사자를 중심에 놓고 이루어져야 함을 확인했다.

"진정한 여행의 발견은 새로운 풍경을 보는 것이 아니라 새로운 눈을 갖는 것이다."(마르셀 푸르스트) 가까이 있지만 함께할 기회가 없었던 회원들에게 좀 더 다가갈 수 있어서 좋았다. 후원해 주신 기아자동차 밀알회에 고마움을 전한다. 여행의 마지막 코스는 광주시청 선별진료소에서 PCR 검사를 했다.

(2021.11.22-24)

권리를 권리답게 보장하라

최근 보름도 채 되지 않은 기간 동안 수많은 뉴스가 올라왔다. 전국적인 뉴스가 아니라 광주, 전남 지역에서 일어난 일이다. 제목만 들어 봐도 장애인 당사자의 삶이 어떠한지 너무나 극명하게 알 수 있다.

- '염전 노예' 보고 뭉갠 신안군.. 노동자 입단속 정황까지 (jtbc / 2021.11.12)
- 40대 일가족 극단 선택 '비극' .. 장애아-80대 노모 부양 버거운 삶 (헤럴드경제 / 2021.11.15)
- 나를 기억해 – 열여덟 김윤호 사망사건의 진실 (SBS 그것이 알고 싶다 / 2021.11.20)
- 전남 목포 장애인 거주시설에서 생활재활교사 성범죄 혐의 (노컷뉴스 / 2121.11.22)
- 김윤호 사망사건에 장애계 "화순군, 장애인 거주시설 즉각 폐쇄하라" (비마이너 / 2021.11.23)
- 광주 북구 주택서 화재 70대 기초생활 수급 장애인 숨져 (노컷뉴스 / 2121.11.24)

장애인 탈시설당은 이런 우리 사회에 브레이크를 걸기 위하여 나섰다. 죽음이 아니라 생명으로, 돈이 아니라 사람으로 우리 사회의 방향이 바뀌어야 한다. 무한 경쟁이 아니라 서로 상생하는 길을 찾아야 한다. 무엇보다 비장애 중심의 사회에서 누구도 배제되지 않는 모두를 위한 사회를 만들어 가는 것이다. 혁명이 아니라 우리가 살던 원래의 자리로, 인간의 자리로 돌아가는 것이다.

광주의 장애인들은 5·18 최후 격전지 옛 전남도청 앞에서 전두환의 장례식이 진행되는 시간에 우리의 목소리를 냈다. "권리를 권리답게 보장하라, 예산 없이 권리 없다." 우리가 포기하지 않은 한 길은 이어질 것이다.

(2021.11.25)

첫눈 오는 날의 감사

집으로 돌아오자마자 쓰러지듯 누웠다. 한숨을 자고 난 뒤에 밀린 숙제를 하듯이 카톡창을 열었다. 한참을 내려가다 보니 낯선 이름의 톡이 기다리고 있다.

L은 자신이 광주여대 제자라고 하면서 후원을 하고 싶다고 했다. 당시 강의 때 사용했던 다음카페에 들어가서 검색을 해보니 2003년 가을학기에 장애인복지론을 수강한 학생이었다. 벌써 18년이 흘렀다. 카톡 프로필을 보니 그사이 결혼을 하고 두 아이의 엄마가 된 듯했다.

그 학생은 어떤 삶을 살아왔을까? 18년의 시간과 공간을 넘어서 연결이 되었다는 것이 신기했다. 생각하면 할수록 놀랍고 감동이다.

12월을 시작하는 날 100만 원이 송금되었다. 마침 광주에는 첫눈이 왔다. 인디언들은 12월을 '다른 세상의 달'이라고 했다. 마치 타임머신을 타고 다른 세상에 와 있는 듯한 감흥을 주었다. 어떻게 감사를 전해야 할지 몰라서 첫눈을 바라보며 그와 가족을 위해 기도를 드렸다.

고맙다는 톡을 보냈더니 답이 왔다. "수업을 들으며 잘 살면 후원해야겠다는 제 마음속 약속을 지켰습니다." 살면서 이런 경험을 한다는 것은 기쁨이요 감동이다. 코로나 블루와 추운 날씨로 움츠러드는 요즘 생각만 해도 웃음이 나온다. 올겨울은 따습게 보낼 듯하다.

(2021.12.01)

마음과 마음이 이어질 때 일상의 기적이 일어난다

목요모임 라이브는 코로나19를 견디게 하는 숨구멍과 같다. 언제쯤 대면 모임이 가능할지 기약조차 할 수 없지만 그래도 한가닥 동아줄처럼 붙잡고 있었던 것은 격주로 이어온 라이브 방송 덕분이다. 시외에 거주하는 분들은 대면 모임이 아니라 온라인을 통해서만 가능한 분들도 있다.

한동안 광주에 거주하며 실로암사람들과 함께했던 분이 가족이 있는 타 지역으로 이사를 갔다. 이후에도 SNS를 통해서 만남은 계속되었다. 그런데 한동안 그의 모습이 보이지 않아서 전화를 걸었다. 그동안 경제적인 어려움으로 마음고생을 겪고 있다는 것을 듣게 되었다.

올해에도 몇 차례 회원을 위한 모금을 한 터라 공개적인 모금은 부담이 되었다. 일단 11월 말까지 1백만 원을 목표로 모금을 시작했다. 가정상담소에서 나서서 몇 분들께 알렸다. 16명이 함께하여 162만 원이 모금되어 12월 1일에 송금해 드렸다. 모금 사실을 모르고 있었던 그는 뜻밖의 소식에 거듭 감사의 인사를 했다. 나누고자 하는 한 사람의 마음에서부터 이 일은 시작되었다. 마음과 마음이 이어질 때 일상의 기적이 일어난다.

12월의 첫날, 첫눈 오는 날에 맛보는 또 하나의 감사다. 이럴 때마다 실로암사람들이 있어서 다행이라는 생각이 든다. 나 또한 일원으로 함께하는 것이 자랑스럽다. Merry Christmas to one and all!

(2021.12.01)

장애해방 열사들이 생각나는 밤

이비인후과를 찾았다. 며칠 전부터 목 안에 무언가 걸려있는 듯 답답하더니 마른기침이 잦아졌다. 감기에 좋다는 생강차를 마시고 있는데 별 차도가 없다. 점점 목의 통증이 느껴질 정도가 되었다. 의사 말로는 코감기가 와서 목감기로 발전한 지 일주일 이상 되었다고 했다. 겨울이 되면 제일 신경이 쓰이는 것이 목감기다. 목감기가 한번 오면 좀체 낫지 않아서 고생한 적이 많았다. 대수롭지 않게 생각하다가 병을 키운 셈이 되었다.

알약과 물약을 주었다. 물약은 졸릴 것이라며 운전할 때 조심하라고 했다. 그런데 밤이 깊어가도 정신은 초롱초롱하다. 이 시간 여의도 농성장에서는 추위와 온몸으로 맞서며 장애인권을 위해 투쟁하는 동지들이 있다. 아무쪼록 무탈하기를 바란다.

우리나라의 장애인권은 이들의 투쟁 덕분에 여기까지 왔다. 장애인들이 현재 누리는 것 가운데 어느 하나도 투쟁 없이 갖게 된 것은 없다. 어떤 이들은 다치거나 죽기까지 했다. 오늘 밤에는 장애해방 열사들을 기억하며 그들이 꿈꾸었던 세상에 대하여 생각해보고 싶다. 열사들은 말한다. "기억하라, 투쟁으로!"

(2021.12.06)

도가니 사건 사진집, 기록하고 기억하자

일명 도가니 사건이라 불리우는 인화학교 성폭력 사건은 2005년에 우리 사회에 알려졌다. 올해로 16년이 되었다. 인화학교성폭력대책위가 활발한 활동을 하였지만 구체적인 기록을 남겨놓은 것은 별로 없다. 다만 공지영의 소설 『도가니』와 황동혁 감독의 영화 〈도가니〉가 널리 알려졌을 뿐이다.

하지만 그것이 전부는 아니다. 당시 인화학교를 등교거부한 농학생들이 제작한 〈꿈의 농학교〉라는 영상은 2008년 국가인권위원회 인권영상 공모전에서 최우수상을 수상하였다. 김영순 감독의 다큐멘터리 영화 〈둥근 장막〉은 2012년 서울장애인인권영화제 개막작으로 선정되기도 했다. 가수 박강수 씨는 도가니 사건 관련 농학생들을 응원하기 위하여 본인이 작사, 작곡, 노래한 재능기부 음반을 2012년에 제작하였다.

최근에는 실로암사람들에서 도가니 사건 15년의 기록 「활짝 피어라 사람 꽃」을 2020년에 만들었다. 그리고 올해에는 『도가니 사건 사진집, 기록하고 기억하자』를 발간하였다. 2005년부터 2019년까지 도가니 사건과 관련된 174장의 사진을 실었다.

시간이 지나면 기억은 불안정해지기 마련이다. 기록은 기억을 지배한다. 결국 기록으로 남겨진 것만 기억된다. 도가니 사건이 재발되지 않게 하는 것은 이를 기억할 때 가능하다. 기록하지 않으면 기억되지 않기에 시간이 더 흐르기 전에 작은 것이라도 남겨 두어야 한다.

사진집의 편집을 맡은 김현철 간사는 "역사적인 사명을 갖고 시작했지만 굉장히 힘든 과정이었다"라고 회상했다. "덕분에 도가니 사건에 대하여 구체적으로 이해할 수 있는 계기가 되었다"라는 말도 덧붙였다. 사진집이 만들어지기까지 권광미 국장과 김현철 간사의 수고에 감사한다. 사진집은 옛 인화학교 자리에 세워질 장애인권기념관에 기증할 예정이다.

(2021.12.10)

부스터 백신을 맞고

코로나 백신이 몸에 들어왔다. 녀석이 내 몸에서 어떻게 반응을 보일지 긴장이 되었다. 다행히 지난 1,2차 접종 때 큰 이상이 없이 지나갔기에 믿는 구석이 있었지만 3차 접종은 힘들다고 하면서 타이레놀을 주었다. 접종 일자를 앞당길 생각으로 급하게 예약을 하면서 접종 당일 일정도 저녁까지 계속되었다. 하지만 첫날은 그런대로 견디어 냈다. 문제는 둘째 날이었다. 한 달 전부터 부산에 가기로 약속을 해 두었기 때문이다.

아침부터 눈이 내리고 있었다. 컨디션이 좋지 않았지만 오가는 길에 잠을 잘 생각으로 출발했다. 다행히 섬진강을 넘어가면서 경상도로 접어드니 눈이 내리지 않았다. 부산에 갔던 일은 결과가 좋았다. 가벼운 마음으로 돌아왔지만 컨디션은 좀처럼 나아지지 않았다.

다시 전라도로 접어드니 눈이 내리고 있었다. 마침 임은정 검사님이 카페홀더 10주년을 축하하기 위하여 진즉부터 와서 기다리고 계셨다. 잠깐이지만 카페홀더를 아끼는 마음이 전해졌다. 카페홀더 10년의 시간은 이처럼 많은 분들이 손잡아 주시고 이끌어 주셨기에 가능했다.

저녁에는 카페홀더 직원모임이 있었다. 2시간여 만에 마치고 집으로 왔으나 여전히 컨디션은 최악이었다. 몇 번이고 약을 먹을까 망설였으나 조금만 더 견디어 보기로 했다. 다행히 목에 워머를 감고, 땀을 흘리며 자고 나니 몸이 풀렸다.

부스터 백신 효과를 비교한 연구결과를 보니 고생한 것이 아깝지 않았다. 1,2차 접종에서 아스트라제네카를 맞은 사람이 부스터 샷으로 모더나를 맞을 경우 항체 생성이 32.30배로 가장 높았다.(영국 사우샘프턴대 연구결과) 여전히 눈에 보이지 않는 바이러스와의 싸움은 계속되고 있다. 그래서 백신이라는 방패가 필요하다. 분명한 것은 백신을 안 맞는 것이 백신을 맞는 것보다 훨씬 위험하다는 것이다. 감사한 마음으로 주말을 보내고 있다.

(2021.12.18)

삶의 희열을 느끼게 한 맛

위드 코로나 시대다. 어느새 삶의 자리 가까이에 녀석이 어슬렁거리고 있음이 느껴진다. 지난주 코로나 부스터 백신을 맞고 며칠간 부대꼈다. 겨우 회복되자마자 오늘은 코로나 선제 검사를 해야 했다.

보이지 않는 바이러스와 싸운다는 것이 얼마나 힘든 것인가? 삶이 우리의 선택과 의지와 상관없이 흘러간다는 것을 실감하고 있다. 모호성이 가득한 삶에서 주님에 대한 믿음이 얼마나 소중한 것인지 깨닫는다. 이번 주 토요일이 성탄절이다. 혼돈과 암흑에 있는 이 땅에 평화의 빛으로 임하소서.

나른한 오후를 보내다 보니 시원한 것이 당겼다. 희망나눔 때 구입한 레몬청에 탄산수를 넣어서 마셨다. 아~ 이 맛이야! 마지막 한 방울까지 마시니 살아있는 희열이 느껴졌다. 올 가을 희망나눔을 통해 실로암사람들이 마음을 모아 만든 맛이라 생각하니 더욱 감동이었다.

(2021.12.19)

카페홀더 10년은 감사다

12월 둘째 주에 카페홀더 두 곳의 재계약이 마무리되었다. 카페에서 일하는 바리스타들이 은근히 걱정해오던 터라 홀가분하다. 2011년 12월 21일, 도시철도점을 개업했으니 벌써 10년이 되었다. 카페홀더를 오픈하던 날, 난 참 많이 울었다.

인화학교성폭력대책위 상임대표로 활동하면서 농학생들을 만났다. 성폭력 피해자들 뿐 아니라 농학생 대부분은 꿈이 없었다. 농학생들을 만나면 만날수록 수렁에 빠지는 듯했다. 내가 할 수 있는 것은 기도하는 것과 아이들 곁을 지켜주는 것뿐이었다. '홀더'(홀로 삶을 세우며, 더불어 살아가는 사람들)는 그들을 위한 기도의 제목이었다.

다행히 홀더그룹홈을 통해 농학생들이 가해자가 있는 공간으로부터 분리가 이루어졌다. '쌍촌홀더'(2006), '금호홀더'(2007), '홀더공부방'(2007), '월곡홀더'(2009)가 차례로 세워졌다. 공간이 세워질수록 농학생들의 해방구가 늘어났다. 하지만 그 과정은 절실하고 치열했다.

시간이 흘러 농학생들은 고등학교를 졸업하고 청년이 되었다. 졸업 후 진로에 대하여 고민하던 끝에 카페를 창업하기로 했다. 당시 강운태 시장의 행정적인 지원과 두 차례의 공연 수익금으로 카페홀더 도시철도점(2011)을 개업하게 된 것이다. 카페홀더 광산구청점(2013)은 당시 민형배 청장의 전폭적인 지지, 공지영 작가와 창비출판사의 후원으로 시작되었다.

10년의 시간이 지나는 동안 광주시민이 보내주신 사랑은 분에 넘쳤다.

많은 분들이 일일점장으로 마음을 보태주셨다. 공지영 작가와 박강수 가수는 초기부터 홍보대사로 활동하고 있다. 임은정 검사도 지난 17일에 방문하여 카페홀더 10주년을 축하해 주셨다. 카페홀더가 자신의 꿈과 삶을 세워가는 일터로 세워온 직원들께도 감사드린다. We wish you a Holder Christmas!

(2021.12.21)

새빛콜은 선별진료소 운행의 대안을 마련하라

코로나19가 점점 가까이 어슬렁거리고 있다. 지난 주일 아침에는 코로나19 폭탄이 떨어졌다. 실로암사람들 부설기관에서 일하는 직원이 코로나19 양성 판정을 받았다. 12월 23일, 확진자와 접촉한 70여 명이 선별진료소를 찾았다. 조마조마했던 순간을 넘어서 모두 음성 판정을 받았다. 다행이다, 참 다행이다.

살다 보면 누구나 이런 상황에 직면하게 된다. 이런 경우 가장 중요한 것은 신속하게 검사를 받는 것이다. 선별진료소는 감염병 예방차원에서 누구나 언제든지 검사를 받을 수 있는 곳이다. 하지만 예상하지 못한 문제가 발생했다. 새빛콜을 통해 이동해야 하는 8명의 중증장애인에 대해 운행 거부를 했다. 하는 수 없이 전동휠체어를 타고 선별진료소를 찾거나 오방센터에서 특장차를 지원해서 검사를 마쳤다.

장애여성 한 명은 이도저도 하지 못했다. 사정사정(?)해서 거주지 보건소에서 방문 검사를 하기로 했다. 28일에 검사를 마쳤으니 이틀이나 불안 속에서 지내야 했다.

새빛콜은 운전원의 감염 예방 차원에서 선별진료소 운행을 제한하고 있다. 당연히 운전원의 감염병 예방은 필요하다. 하지만 장애인의 감염병 예방을 위한 선별진료소 이동도 보장해야 하지 않겠는가? 이를테면 특장차 116대 가운데 한 두대는 운전석과 이용자석 칸막이와 방호복 착용 등 대안을 마련하여 운행해야 한다.

장애인 차별상담전화는 선별진료소 운행거부에 대하여 국가인권위원회에 진정하려 한다. 광주시도 감염병 대책을 촘촘히 마련하겠다고 하면서도 이런 구멍을 메꾸지 못한다면 말이 안 된다. 광주시는 조속히 선별진료소 운행의 대안을 마련하기 바란다.

(2021.12.27)

특수학교 내 장애학생 폭행, 책임을 묻는다!

지난주 국민청원에 대한 카카오톡이 계속 들어왔다. 장애인 학대 관련 국민청원이 어제오늘의 일은 아니지만 이번 청원이 유독 눈에 띄었다. 광주의 한 특수학교에서 지난 9월부터 반복적으로 무차별 폭력이 일어났다는 것이다. 가해자는 사회복무요원이고, 피해자는 중증 뇌병변 장애학생이었다. 광주장애인차별철폐연대가 무엇을 해야 할까 고민하던 중 전화가 걸려왔다. 피해학생의 어머니였다. 요 며칠은 정신 내놓고 국민청원뿐 아니라 교육청, 특수학교, 병무청, 언론사 등을 찾아다녔다고 한다. 그 과정에서 특수학교와 교육청, 병무청의 무반응에 더욱 분노하고 있었다.

다음 주 27일, 월요일에 기자회견을 하기로 했다. 시민들에게 알리고, 교육청, 특수학교, 병무청이 자신의 역할을 하도록 촉구하기 위함이다. 이제 교육청과 병무청이 적극 나서야 한다. 장애학생에 대한 폭력이 일어났을 때 매뉴얼대로 신속하게 대응해야 한다. 특수학교도 매일 첫 시간을 사회복무요원 혼자서 장애학생을 지원했는지에 대해 대답하기 바란다.

사건 관련 자료를 읽으면서 그동안 어머니의 마음이 어땠을까 그려졌다. "○○는 맞아야 말을 듣는다", "오늘도 ○○이를 교육시켰다"라며 때렸다. 처음에는 딱밤으로 시작해서 명치를 때리고, 러닝머신을 탈 때는 속도를 올려서 넘어지게 하고, 넘어지면 수건을 목에 걸어 일으키기까지 했다. 오죽했으면 장애학생이 담당 공익만 보면 쫄고, 손만 들어도 반응을 보이겠는가.

반복되는 장애인에 대한 학대는 언제쯤 사라질까. 장애인식 개선 교육을 하고, 대응 매뉴얼을 만든다고 해결될까? 광주장애인차별철폐연대는 금번 사건이 어떻게 처리되고 그에 대한 대책이 마련되는지 철저하게 살피고 감시할 것이다. 특수교육 현장에서 장애학생의 인권보장 방안을 위한 근본적인 대책이 조속히 마련되는 날까지 싸울 것이다.

(2021.12.27)

문학으로 만나는 예술날개, 두 번째 날다

2021년 장애인 문학작품집이 나왔다. 2020년에 이어 두 번째 작품집으로 『문학으로 만나는 예술날개』 시리즈로 발간된 것이다. 올해에는 공모에 선정된 시, 동시, 동화, 수필, 단편소설을 담았다.

광주문화재단은 2019년부터 '장애인 문화예술 지원사업'을 진행해 왔다. 첫 해에는 주로 미술 전시와 음악 공연을 중심으로 진행되었으나 2년 차부터 문학 장르가 포함되었다. 나는 작년부터 문학작품집 기획자로 참여하는 행운을 가졌다. 예전 실로암문학회 동인지 발간의 경력을 인정받은 셈이다. 작년에는 광주지역에서 활동해 온 장애인 작가 10명의 작품집을 발간했다. 등단하거나 개인 작품집을 낸 작가들이 중심이 되었다. 올해에는 공모전을 통해 광주와 전남에 거주하는 45명의 장애인이 참여하여 12명의 작품을 선정하였다.

장애인에게 글쓰기란 자신이 삶을 세워가는 힘이 된다. 자신의 장애를 대면하고 삶을 긍정하지 않으면 한 줄의 글도 나오지 않는다. 글쓰기에는 장벽이 없다. 장애인의 독특한 삶의 경험은 글쓰기의 넓이와 깊이를 확장하는 동력이 된다.

코로나19로 인해 출판기념식을 할 수 없게 되어서 아쉽다. 하지만 장애인 문학 작품집은 작년에 비해 세련되게 만들어졌다. 편집위원으로 참여한 강경호 시인의 해설을 통해 장애인 작가의 작품에 따뜻한 온기를 불어넣어 주었다. 좋은 기회를 열어주신 광주문화재단에 감사드리며, 내년에는 장애인 문학분야 지원사업이 확장되기 바란다.

(2021.12.28)

열정으로 순천을 물들이다

'감성 카메라로 기억을 더듬다'는 30년 공직생활을 마무리하는 시점에서 새롭게 공직자의 길에 들어선 딸에게 들려주는 엄마의 이야기다. 무엇보다 이 책의 장점은 한 번 펼치면 금방 읽힌다는 것이다. 그것은 글쓴이의 삶이 수채화를 보는 듯 생생하게 손에 잡힐 뿐 아니라 책장을 넘길 때마다 가슴이 몽글몽글해지기 때문이다.

김미자 국장이 사회복지 공무원으로 일하면서 경험한 이야기는 개인사를 넘어 우리나라 사회복지의 역사와 궤를 같이한다. 출산휴가 한 달 이야기나 악성 민원인에게 시달리며 심지어 경찰 조사나 내부 감찰을 받아야 했던 것은 그 행간에 얼마나 힘들었을까 안타깝다. 공무원은 매뉴얼에 의해서만 일한다는 인식과 달리 글쓴이는 장애인 국토대장정, 우렁각시 파견서비스, 동네부엌, 푸드아트 축제 등 끊임없이 자신의 빛깔로 순천시 복지행정을 물들여 왔다.

이 책을 통해 공공영역에서 일하는 복지전문가의 역할에 대하여 들여다볼 수 있고, 한 사람의 공직자가 얼마나 많은 변화를 이끌어 낼 수 있는지 확인할 수 있을 것이다. 순천시 사회복지과장으로 추진한 3·1운동 100주년 기념행사는 민관의 협력을 이끌어내는 조직가로서의 역량이 돋보였다. 또한 순청시청이 주최한 공무원 탁구대회에서 76개 부서 가운데 우승한 것보다 준비하는 과정을 통해 조직문화를 변화시키는 계기로 만들었던 것은 글쓴이의 리더십을 엿볼 수 있었다.

글쓴이는 여성으로 장애인으로 공직자로 30년을 살았다. 참고로 나는 남성이고 장애인이고 민간 사회복지 현장에서 30년을 일해왔다. 비슷하면서도 다른 결을 지니고 있다. 하지만 책을 읽으면서 출발점과 코스는 달랐지만 30년 만에 동일한 결승점에서 만난 듯한 감동을 받았다. 무엇보다 "복지행정은 현장에 답이 있다"는 인식과 한계상황에 마주했을 때 도망가기보다는 생각에 생각을 거듭한 끝에 답을 찾아가는 모습에 박수를 보냈다. "생각은 토스트 기계에서 토스트가 툭 튀쳐나오는 것처럼 그렇게 한순간에 퍼뜩하고 튀쳐나오는 것이다"라는 글쓴이의 고백을 나도 여러 번 경험했다.

책을 덮고 나니 사막이 떠올랐다. 뜨거운 태양과 거친 바람이 몰아치는 사막 한가운데 있는 오아시스와 주변의 나무들이 스쳐간다. 글쓴이가 걸어온 삶의 족적은 사막을 횡단하는 탐험가처럼 다가왔다. 순천을 사랑하는 공직자, 순천의 사람들을 섬기는 공직자, 자신에게 주어진 기회에 열정을 다하는 공직자를 만날 수 있어서 기쁘고 감사하다.

공지영 작가는 등단 30주년에 장편소설 『해리』를 출간했다. 소설에 등장하는 하운 바닷가는 순천 와온해변이다. 공지영 작가는 와온해변을 자주 찾아가 일몰을 사진에 담으며 소설의 배경을 삼았다고 한다. 올 겨울에는 와온해변에서 글쓴이를 만나 은퇴 이후의 삶에 대하여 묻고 싶다. 글쓴이를 만나고 싶다면 이 책을 읽고 와온해변으로 모여라.

(2021.12.30)

일곱 명의 꿈과 삶은 진행형이다

나이가 들어가면서 보이는 것들이 있다. 젊었을 때는 그냥 넘겼던 것들이 눈에 들어오고, 자꾸 마음에 밟힌다. 이제야 철이 들어가는 것이다. 이 책은 그렇게 내 마음에 들어왔다.

광주장애인가정상담소에서 만든 장애여성의 이야기가 세 번째 이어졌다. 자신의 일상을 들여다보고 감추어져 있던 욕망과 꿈에 대하여 치열하게 사유한 결과다. 10개월에 걸친 글쓰기 강의와 대화를 통해 자신의 삶쓰기를 도전했다. 다양한 연령의 장애여성들이 경험한 일상은 잊힌 존재가 아니라 삶의 주체로서 자신만의 새로운 언어를 만들어 가고 있다.

자신의 빛깔과 향기로 살아가는 사람을 만나면 눈물이 난다. 한 번도 드러내지 않았던 여리디 연한 속살을 대할 때면 숙연해진다. 먼 길을 돌아왔지만 길을 잃지 않은 사람들의 힘이 느껴진다. 장애인으로서가 아니라 한 인간으로서 자신을 세워온 이들의 꿈과 삶을 날것으로 만난다. 이 책을 통해서 만난 일곱 분이 내게 준 감동이다.

다행스러운 것은 우리에게 아직 기회가 있다는 것이다. 함께 커피를 마시고, 밥 한 끼 먹고, 꽃구경과 바다 여행도 하며 서로의 손을 잡아줄 시간이 남아있다. 그런 면에서 이 책의 이야기는 현재 진행형이고 '내일'을 담고 있다.

"나를 절망케 만들 수 있는 사람은 나뿐이다"라는 말을 자신의 삶을 통해 보여주신 일곱 분에게 박수를 보낸다. 가정상담소 직원들의 헌신과 글쓰기 강의를 맡은 송기역 작가의 열정에 감사한다. 기쁜 마음으로 일독을 권한다.

(2021.12.31)

| 글을 마치며 |

카프카는 인간의 성급함과 태만함을 경계했다. 성급함이 시간을 앞당기려는 욕망이라면 태만함은 시간을 늦추려는 욕망이다. 성급한 사람은 기다릴 줄 모르고, 태만한 사람은 한없이 기다리기만 한다.

만물에는 자신만의 시간표가 있다. 앞서거니 뒤서거니 하면서 봄꽃이 피고 지면 능소화와 백일홍이 찾아온다. 필요한 만큼의 햇빛과 비와 바람이 깃들어야 사과의 맛이 든다. 사람이든 자연이든 향기와 맛과 아름다움은 시간의 나이테를 통해 만들어진다.

이 책은 30년째 한 가지 일을 해 온 사람이 50대의 마지막 1년을 살아온 이야기다. 지극히 사소하고 평범하다. 재주도 일천하고 감각도 무디어졌지만 글쓰기를 이어가는 것은 연약한 이들의 삶이 소중하고 아름답다는 믿음 때문이다. 아울러 연약함을 자신의 몸으로 감당해 온 이들에게 살아주어서 고맙다는 말도 전하고 싶다.

먼저 실로암사람들에 감사한다. 실로암사람들은 전혀 다른 눈으로 세상을 보는 시선을 선물해 주었다. 이 책은 세상의 화려한 불빛에 가리어져 보이지 않는 이들을 찍은 스냅사진과 같다. 시간이 흐른 뒤 이 책을 통해 누군가를 기억해 내고 미소 지을 수 있다면 좋겠다.

한결같은 사랑과 격려로 용기를 주신 시와사람 강경호 시인과 저를 위해 늘 기도하시는 동역자들과 부모님께 감사한다.

2023년 여름

김용목